정상현, 유한나 지음

다락원

교사용 지도서

지은이 정상현, 유한나
펴낸이 정규도
펴낸곳 (주)다락원

초판 1쇄 발행 2014년 9월 1일
초판 2쇄 발행 2017년 11월 29일

기획·편집 김혜민, 이상윤
디자인 박나래, 임미영
일러스트 윤유리, 이정화

다락원 경기도 파주시 문발로 211
내용문의: (02)736-2031 내선 430~439
구입문의: (02)736-2031 내선 250~252
Fax: (02)732-2037
출판등록 1977년 9월 16일 제300-1977-23호

값 12,800원

ISBN 978-89-277-2151-2 14720
978-89-277-2141-3(set)

http://www.darakwon.co.kr

• 다락원 홈페이지를 방문하시면 상세한 출판정보와 함께 동영상강좌, MP3자료 등 다양한 어학 정보를 얻으실 수 있습니다.

머리말

본 교사용 지도서는『신나는 어린이 중국어』교재로 수업을 진행하는 교사가 수업 목표를 효과적으로 달성하고 수업을 좀 더 원활하게 진행하는 데 도움이 되고자 기획하게 되었습니다. 따라서 체계적이고 일관성 있는 수업 절차와 방법을 제시하고, 학습 내용을 내재화하는 데 도움이 될 수 있는 다양한 활동을 소개하여 교사들이 수업 시간에 쉽게 활용할 수 있도록 구성하였습니다. 또한 각 단원의 학습 목표를 토대로 그에 적합한 교수법과 지도 방식을 선택해 보다 과학적인 수업을 진행할 수 있을 것입니다.

본 교사용 지도서는 한 과의 수업을 4차시로 구성하여 한 권당 총 32차시의 수업으로 진행할 수 있도록 설계하였습니다. 단, 예비 단원의 수업 시간은 제외하였습니다. 매 차시는 도입에 해당하는 〈들어가기〉, 전개에 해당하는 〈펼치기〉, 정리에 해당하는 〈마무리하기〉로 나누었고, 차시별로 수업 진행 과정을 비교적 자세하게 다루어 교사의 편의를 도모하였습니다. 필요에 따라 본서에서는 다루지 못했던 내용을 '보충' 코너에서 다루었는데, 본서의 내용과 연결하여 진행할 수 있는 노래 및 활동을 추가적으로 소개함으로써 수업의 다양성과 흥미를 확보할 수 있을 것입니다. 뿐만 아니라 교사가 수업 진행 과정에서 염두에 두어야 할 교육 이론 등은 '지도 tip'에서 언급하였으며, 교사가 활동지를 준비하는 시간과 관련 자료를 검색하는 시간을 단축할 수 있기를 기대하며 관련 사이트 정보를 제공하였습니다.

본 교사용 지도서는 학습자의 수준이 반영된 다양한 방법으로 체계적인 수업이 진행되어 어린 학습자들이 중국어 학습에 흥미를 느낄 수 있기를 바라는 마음으로 만들어졌습니다. 본 교사용 지도서가 어린이 중국어 수업을 위해 현장에서 끝없이 노력하고 계시는 선생님들께 작은 도움이 될 수 있기를 희망합니다.

정상현, 유한나

이 책의 구성과 활용

본 교사용 지도서는 본서를 효과적으로 가르칠 수 있는 지도 방법과 다양한 수업 자료를 풍부하게 제시하여 수업 현장에서 효율적으로 활용할 수 있도록 구성하였습니다.

1 단원 개요

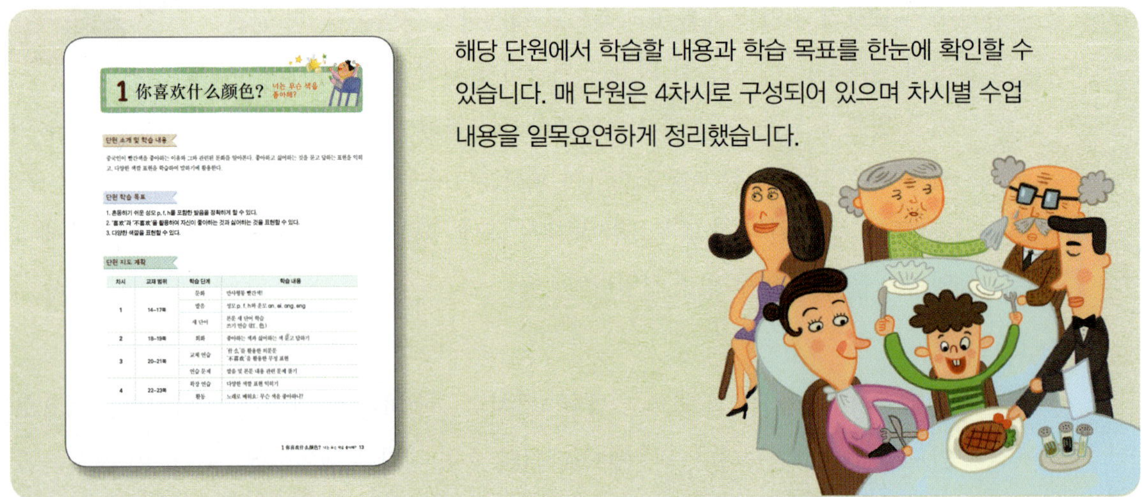

해당 단원에서 학습할 내용과 학습 목표를 한눈에 확인할 수 있습니다. 매 단원은 4차시로 구성되어 있으며 차시별 수업 내용을 일목요연하게 정리했습니다.

2 차시별 지도 내용

모든 차시는 **들어가기**, **펼치기**, **마무리하기** 세 부분으로 구성되어 있습니다.

들어가기 지난 시간에 배운 내용이나 과제를 확인하고, 새로 배울 내용을 소개합니다.

펼치기 차시별로 학습 목표를 달성하기 위한 교수 · 학습 과정과 구체적인 지도 방법이 담겨 있습니다.

◆ 개별 지도 사항 안에서 보충이 필요한 경우에 상세한 설명을 추가했습니다.

보충 본서에서 확장된 학습 정보와 활동을 제공합니다. 학생들의 흥미와 학습 수준에 따라 적절한 활용이 가능합니다.

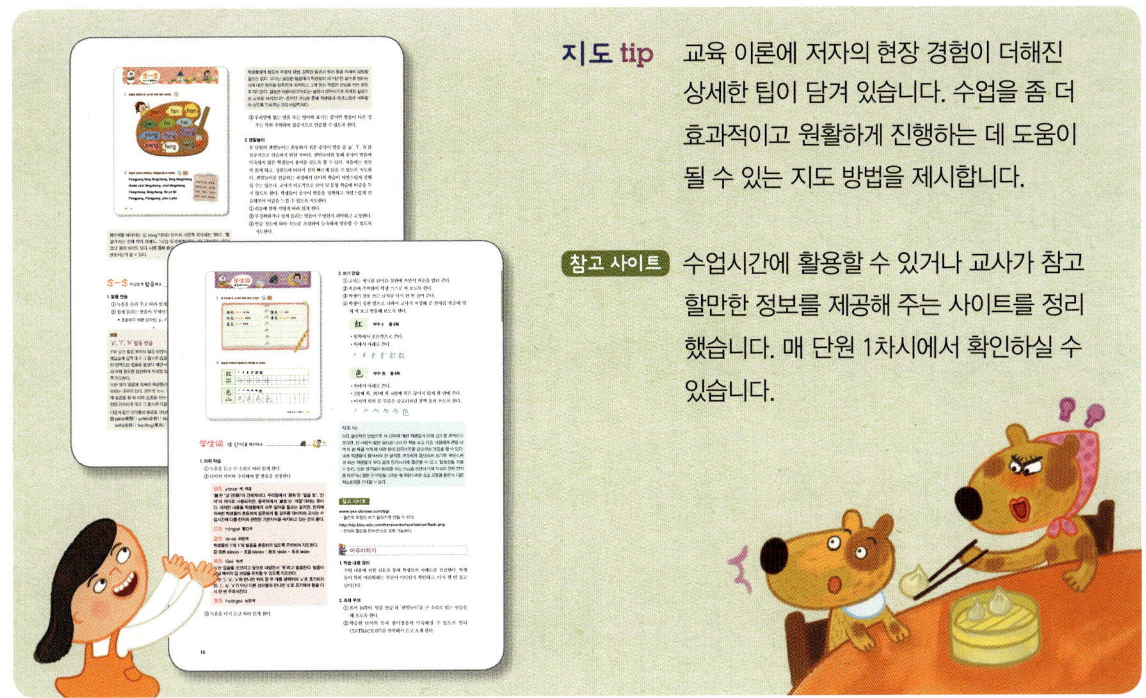

지도 tip 교육 이론에 저자의 현장 경험이 더해진 상세한 팁이 담겨 있습니다. 수업을 좀 더 효과적이고 원활하게 진행하는 데 도움이 될 수 있는 지도 방법을 제시합니다.

참고 사이트 수업시간에 활용할 수 있거나 교사가 참고할만한 정보를 제공해 주는 사이트를 정리했습니다. 매 단원 1차시에서 확인하실 수 있습니다.

마무리하기 해당 단원 학습 내용의 이해도를 점검하고, 학습 내용을 정리합니다.

3 부록

본서와 동일한 내용의 단어 카드를 수업 시간에 활용하기 편리하도록 큰 사이즈로 제공합니다.

차 례

2권의 학습 내용

1과	你喜欢什么颜色? 너는 무슨 색을 좋아해?	문화	만사형통 빨간색!
		발음	성모 p f h 연습
		핵심표현	좋아하는 색깔 묻고 답하기
		확장연습	다양한 색깔 배우기
2과	一起做剪纸吧! 같이 종이공예 해 보자!	문화	종이 한 장의 예술, 지엔즈
		발음	성모 zh ch sh z c s 연습
		핵심표현	'谁有+사물' 표현 배우기 / 권유하는 표현 배우기
		확장연습	다양한 동작 표현 익히고 친구에게 권유하기
3과	现在几点? 지금 몇 시야?	문화	건강을 위한 10분 투자
		발음	운모 ai ia ao iao 연습
		핵심표현	시간 묻고 답하기
		확장연습	다양한 시간 표현 배우기
4과	我去书店 나는 서점에 가.	문화	베이징에는 우물가에 상점이 있다?
		발음	성모 l r 연습
		핵심표현	장소 묻고 답하기
		확장연습	위치 묻고 답하기 / 다양한 장소 명칭 배우기
5과	梨多少钱? 배는 얼마예요?	문화	중국에서 꼭 맛봐야 하는 과일!
		발음	성모 j q x z c s와 운모의 결합 연습
		핵심표현	가격 묻고 답하기
		확장연습	중국 화폐 배우기
6과	你想喝什么? 너는 무엇을 마시고 싶어?	문화	열 길 물속은 알아도 한 길 만두 속은 모른다?!
		발음	운모 ei uei iou 연습
		핵심표현	'请'과 '想'을 활용한 표현
		확장연습	'想'을 활용한 다양한 표현 배우기
7과	我养一只小狗。 나는 강아지 한 마리를 키워.	문화	뼈대 있는 가문의 차우차우
		발음	운모 ou uo 연습
		핵심표현	양사 '只' 배우기 / 형용사 중첩 배우기
		확장연습	다양한 동물 명칭 배우기
8과	我也会骑自行车。 나도 자전거를 탈 수 있어.	문화	자전거가 나가신다 길을 비켜라!
		발음	운모 uen uan 연습
		핵심표현	'会'를 사용하여 '~을 배워서 할 수 있다'는 표현 배우기
		확장연습	다양한 교통수단 배우기

★ 신나는 어린이 중국어는 한 과의 수업을 4차시로 구성하여 한 권당 총 32차시의 수업으로 진행하도록 설계하였으나, 학습자 이해 정도 및 수업 여건에 따라 탄력적으로 조정하여 지도하실 수 있습니다.

멀티 CD 활용하기

1. 플래시

• 메인 화면에서 해당 과를 클릭하면, 각 과에서 플래시로 구성된 내용을 확인할 수 있습니다.
• 을 클릭하면 메인 화면으로 돌아가며, 을 클릭하면 플래시를 종료합니다.

- 念一念 자신 있게 발음해요 코너의 잰말놀이를 플래시로 확인해 보세요.
- 듣기 설정에서 잰말놀이 듣기와 반주만 듣기 중 하나로 설정할 수 있습니다.

- 개별 단어를 클릭하며 발음과 뜻을 확인해 보세요.
- 전체 듣기를 클릭하여 목록에 있는 단어 전체를 들어 볼 수 있습니다.

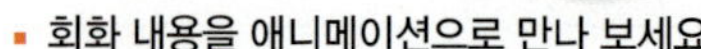

- 회화 내용을 애니메이션으로 만나 보세요.
- 자막 설정에서 한자, 한어병음, 한글해석 중 하나로 설정할 수 있습니다.

- 玩一玩 신나게 놀아 봐요 코너 중 노래가 있는 1과, 3과, 7과의 내용을 플래시로 담았습니다.
- 듣기 설정에서 노래 듣기와 반주 듣기 중 하나로 설정할 수 있습니다

- 1, 2과의 단어/3, 4과의 단어/5, 6과의 단어/7, 8과의 단어를 게임으로 복습해 보세요. 재미있게 카드의 짝을 맞춰보며 한자와 한어병음을 자연스럽게 익힐 수 있습니다.

2. 오디오 음원

본서와 워크북의 오디오 파일이 담겨 있습니다.

• **플래시** 본 CD를 PC에 넣으면 플래시가 실행됩니다. 플래시가 실행이 안될 경우, CD 드라이브 안의 main.exe를 더블클릭해 주세요.
• **오디오 음원** 본 CD를 PC에 넣고 CD 드라이브 안의 오디오 폴더를 열어 재생하세요.

예비 단원

단원 소개 및 학습 내용

중국어의 기초를 다진 학생들의 중국어 실력을 보다 더 향상하기 위한 구체적인 방법들을 알아본다. 또한 주의해야 할 발음 연습을 통해 정확한 의사소통을 위한 기본기를 다진다.

단원 학습 목표

1. 중국어 실력을 향상하기 위한 방법을 이해한다.
2. 헷갈리기 쉬운 발음을 정확하게 연습하여 보다 자연스러운 발음을 구사한다.
   - z, c, s와 zh, ch, sh, r를 정확히 발음할 수 있다.
   - l와 r를 정확히 발음하고, j, q, x가 ü와 결합했을 때의 표기와 발음을 정확히 이해할 수 있다.
   - o와 u, ui와 iu를 정확히 발음할 수 있다.

단원 지도 계획

차시	교재 범위	학습 단계	학습 내용
1	10~13쪽	중국어 학습법	多听，多说，多看，多写
		주의해야 할 발음	z, c, s와 zh, ch, sh, r
			l 와 r j, q, x 와 ü
			o와 u uei 와 iou

주의해서 발음해요!

z, c, s 와 zh, ch, sh, r

'z, c, s'는 각각 우리말의 'ㅉ, ㅊ, ㅆ'와 발음이 비슷해서 크게 어렵진 않을 거예요. 하지만 'zh, ch, sh, r'는 우리말에는 없는 발음이기 때문에 충분한 연습이 필요합니다. 'zh, ch, sh, r'는 혀가 약간 들어 올려지는 느낌이 들도록 발음해 주세요.

chāoshì　cā　zázhì　sān

'zh, ch, sh, r'와 'z, c, s'의 발음 방법은 다르지만 공통점이 하나 있어요. 바로 'zh, ch, sh, r'와 'z, c, s'의 뒤에 오는 'i'는 우리말의 '으'처럼 발음하는 것이랍니다. 원래 'i'는 입꼬리를 옆으로 길게 빼주면서 '이~'라고 한다고 배웠었죠? 하지만 'zh, ch, sh, r, z, c, s' 뒤에 놓인 'i'의 발음은 '이'가 아니라는 것에 주의해서 발음해 주세요.

sījī　cǎizhǐ　cídiǎn　shìjiè

학습 목표

- 중국어 실력을 향상하기 위한 방법을 이해한다.
- 헷갈리기 쉬운 발음을 정확히 구분하고 발음할 수 있다.

수업 준비물

교재, 멀티 CD, 단어 카드

들어가기

- 새로 배울 내용 소개

① 책을 전체적으로 훑어보며 학생들이 학습에 대한 기대를 할 수 있도록 한다. 학생들과 함께 목차를 살펴보거나, 각 과의 문화 부분 그림만을 보며 간단히 이야기를 나눌 수도 있다.

② 본격적인 학습에 들어가기에 앞서, 중국어 실력향상을 돕는 학습방법에 대해 알아보는 시간임을 알려준다.

③ 주의해서 해야 할 발음을 짚고 넘어갈 것임을 알려준다.

펼치기

주의해서 발음해요!

z, c, s와 zh, ch, sh, r

①z, c, s와 zh, ch, sh, r를 정확하게 발음해 보도록 한다.

◆ 전체 학생에게 발음해 보게 할 수도 있고, 개별 학생에게 자유롭게 발음해 보게 할 수도 있다. 주도적으로 발표하는 학생들이 있다면 작은 상이나 칭찬을 통해 학생들의 참여도를 높이고 자신감을 고취시킨다.

② 교재에 나와 있는 단어를 크게 읽어 보게 한다.

◆ 교재에 나와 있는 단어 외에 추가적으로 z, c, s와 zh, ch, sh, r가 포함된 단어를 제시하여 연습해 볼 수 있다. 학생들이 혼동하기 쉬운 혹은 어려워하는 부분의 발음에 대해 다시 한 번 설명하고 함께 연습해 본다.

▶ z, c, s – **설치음(舌齿音, 이 뒤 혀끝 소리)**

끝을 윗니 부근에 가볍게 대고 살짝 떼며 공기를 마찰시켜 내는 소리이다. 손바닥을 입 가까이에 대고 발음해 보면서 입 밖으로 나오는 공기의 세기를 직접 느껴 보게 한다.

z 혀끝을 윗니 뒤쪽에서 가볍게 약간 떼면서 발음한다. 우리말 'ㅉ'보다 혀끝을 좀 더 앞쪽으로 이동한다.

c 강한 압력으로 혀끝을 윗니 뒤쪽에서 약간 떼면서 발음한다. 우리말 'ㅊ'을 발음할 때보다 혀끝을 좀 더 앞쪽으로 이동한다.

s 혀끝을 윗니 뒤쪽에 가까이 대고, 그 틈으로 공기를 마찰시켜 발음한다. 우리말의 'ㅆ'을 발음할 때보다 혀 끝을 좀 더 앞쪽으로 이동한다.

예 增加 zēngjiā | 猜测 cāicè | 酸 suān

▶ zh, ch, sh, r – **권설음(卷舌音, 혀 들어 올린 소리)**

혀끝을 입천장 쪽으로 말아 올려 그 사이로 공기를 내보내면서 내는 소리이다. 권설음은 우리말에는 없는 발음이라 학생들이 매우 어려워한다. 권설음에 가장 가깝다고 할 수 있는 우리말의 '즐', '츨', '슬', '를' 4개의 발음을 가지고 연습하면서 점점 혀끝을 입천장 안쪽으로 말아주는 연습을 계속하면 발음 방법을 좀 더 쉽게 터득할 수 있을 것이다.

zh 혀를 살짝 들어 올려 입천장 쪽으로 밀면서 턱을 약간 앞으로 내미는 느낌으로 발음한다.

ch 강한 압력으로 혀끝을 입천장에서 약간 떼면서 발음한다.

sh 혀끝을 위로 들어 올려 입천장에 가까이 대고, 그 틈으로 공기를 마찰시켜 발음한다.

r 혀끝을 위로 들어 올려 입천장에 가까이 대고, 그 틈으로 공기를 마찰시켜 성대를 울리며 발음하는데, 혀가 약간 들어 올려진다.

예 珍珠 zhēnzhū | 吵 chǎo | 生日shēngrì | 认识 rènshi

지도 tip

교재에 따라서는 z, c, s는 설첨전음(舌尖前音)으로, zh, ch, sh, r는 설첨후음(舌尖后音)으로 구분하여 설명하기도 한다. 설치음 z, c, s와 권설음 zh, ch, sh, r는 모두 발음할 때 입술 모양의 변화가 일어나는 공통점이 있지만, 혀의 위치, 혀와 경구개의 접촉 부위, 그리고 혀의 모양에는 차이가 있다. 이러한 차이 때문에 설치음 z, c, s의 소리는 비교적 높고 날카로운데 비해 권설음 zh, ch, sh, r의 소리는 비교적 굵고 우렁차다. 그러나 설치음 z, c, s와 권설음 zh, ch, sh, r는 발음 부위가 매우 가깝기 때문에 학생들이 발음을 혼동하기 쉽다. 이 두 발음을 정확하게 구사하지 못하는 것은 대개 혀 위치를 제대로 파악하지 못한 경우이다. 발음 훈련은 발음 부위가 어디인지를 느껴보는 것부터 시작한다. 또 권설음 zh, ch, sh, r를 지도할 때 혀를 지나치게 말아서 발음을 하는 학생들이 있으므로 세심하게 살펴야 한다.

j, q, x도 함께 연계하여 발음을 연습할 수 있다. z-zh-j, c-ch-q, s-sh-x의 순서로 발음 연습을 진행하면서 학생들에게 어떤 차이가 느껴지는지 질문한다. 위의 순서대로 발음을 하면 혀의 위치가 점차 뒤쪽으로 이동함을 느낄 수 있다.

폈다 말았다, 바꿔라 얏! l 와 r

혀끝을 세워 윗잇몸 안쪽에 붙였다 떼면서 발음하는 'l'는 우리말 받침 'ㄹ'의 발음과 비슷해요. 'r'는 혀끝을 위로 들어 올려 입천장에 가까이에 대고 발음해야 하는데 우리말에 없는 발음이니 좀 더 주의해서 연습해 주세요.

lěng rè lí rén

j, q, x와 ü

운모 'ü' 는 성모 중에서 'n, l, j, q, x' 뒤에만 옵니다. 그런데 그중에서 'j, q, x'와 만났을 때는 'ü'의 두 점을 생략하고 'ju', 'qu', 'xu'로 써야 한답니다. 하지만 발음은 '우'가 아니라 그대로 '위'로 해야 한다는 것 잊지 마세요.

lǜsè júzi qù xuéxiào

시각을 활용하여 발음의 이해를 도울 수 있는데, 거울을 마주 보면서 위의 발음들을 연습해 보도록 한다. z, c, s의 발음을 연습할 때는 거울로 혀끝을 볼 수 있지만, zh, ch, sh의 발음을 연습할 때는 거울로 혀끝을 볼 수 없음을 알려준다.

폈다 말았다, 바꿔라 얏! l와 r

① l와 r를 정확하게 발음해 보도록 한다.

② 교재에 나와 있는 단어를 크게 읽어 보게 한다.

◆ 교재에 나와 있는 단어 외에 추가적으로 l와 r가 포함된 단어를 제시하여 연습해 볼 수 있다.

▶ 성모 'l'는 설첨음(舌尖音, 혀끝 소리)으로 혀끝을 세워서 윗잇몸에 붙이고, 공기를 혀의 측면으로 빠지게 하면서 발음한다. 성모 'r'는 권설음으로 혀끝을 위로 들어 올려 입천장 가까이에 대고, 그 틈으로 공기를 마찰시켜 성대를 울리며 발음하는데 이 때 혀가 약간 들어 올려진다.
'l'와 'r'는 그 발음의 부위가 가깝고 모두 성대의 진동을 수반하는 탁음(浊音 zhuóyīn)이기 때문에 두 성모의 발음은 종종 뒤섞인다. 하지만 두 성모는 발음 방법에 큰 차이가 있기 때문에 만약 학생의 발음 구분이 불분명하다면 발음 방법을 중점적으로 지도한다.
'l'를 발음할 때는 혀끝이 윗잇몸을 누르면서 공기는 혀의 양쪽 틈새 사이를 통과한 후 혀끝이 윗잇몸에서 떨어진다. 'r'를 발음할 때는 혀끝을 경구개 쪽에 가깝게 들어올리고 약간의 틈을 남겨둔다. 발음의 부위는 sh와 동일하지만 비교적 강한 공기를 내보내며 발음을 할 때 성대가 울리고, 틈새 사이로 기류가 나올 때 마찰에 의해 소리가 만들어진다. 만약 경구개에 혀끝이 닿고 기류가 혀의 양 옆쪽을 마찰하며 나오면 'l'이고, 만약 경구개에 닿지 않고 기류가 혀 윗부분에서 마찰을 하며 발음이 되면 'r'이다.

예 累 lèi | 浪 làng | 让 ràng | 日 rì

지도 tip

중국어의 l와 r의 발음 부위와 방법을 명확하게 느낄 수 있도록 l를 포함한 발음과 r를 포함한 단일 발음을 별도로 연습한 후, l와 r가 함께 들어 있는 단어의 발음을 연습해 본다.

- **l와 r의 개별 연습하기**
  lè(乐)–rè(热) | láo(劳)–ráo(饶) | lán(蓝)–rán(然) | làng(浪)–ràng(让) | léng(棱)–réng(仍) | lì(粒)–rì(日) | lù(路)–rù(入) | luò(落)–ruò(弱) | luǎn(卵)–ruǎn(软) | lǎng(朗)–rǎng(嚷) | lùn(论)–rùn(润) | lóng(龙)–róng(容) | lóu(楼)–róu(柔)
- **l와 r이 포함된 단어로 발음 연습하기**
  tiānlán(天蓝)–tiānrán(天然) | lìběn(历本)–Rìběn(日本)
  lòuxiàn(露馅)–ròuxiàn(肉馅) | lètiān(乐天)–rètiān(热天)
- **l와 r이 함께 있는 발음 연습하기**
  rèliè(热烈) | rénlì(人力) | rànglù(让路) | rìlì(日历) | ràokǒulìng(绕口令) | lièrén(猎人) | luòrì(落日) | liǎorán(了然) | lìngrén(令人), lìrú(例如)

이 외의 다른 단어들로 발음 연습을 할 수 있다. 단, 교사가 발음 연습을 위해 차용하는 성모와 운모의 조합은 반드시 존재하는 단어들을 사용함으로써 비록 수업시간에 그 의미를 하나하나 다루지는 않더라도 유의미한 연습을 구성할 수 있도록 유의한다. 이때 각 단어의 의미까지 학생들에게 기억하도록 요구하지 않는다. 하지만 교사는 모든 활동에서 사용하는 예시의 단어들이 실제 뜻을 가지고 존재하는 단어임을 인지하고 있어야 한다. 이것은 가시적으로 드러나지 않더라도 전체적인 수업의 흐름을 보다 유의미하게 만드는 기본조건이 된다.

j, q, x 와 ü

① j, q, x와 ü가 결합된 발음을 정확하게 읽어 보도록 한다.

② 교재에 나와 있는 단어를 크게 읽어 보게 한다.

◆ 교재에 나와 있는 단어 외에 추가적으로 j, q, x와 ü가 결합한 단어를 제시하여 연습해 볼 수 있다.

▶ **j, q, x – 설면음(舌面音 혓바닥 소리)**

j, q, x는 혓바닥 면을 위로 올려 입천장 부근에서 공기를 마찰시켜 내는 소리이다.

j 혀의 앞면을 입천장에서 가볍게 떼면서 발음한다.

q 강한 압력으로 혀의 앞면을 입천장에서 약간 떼면서 발음한다.

x 혀의 앞면을 입천장 가까이에 대고 그 틈으로 공기를 마찰시켜 발음한다.

운모 ü는 입술을 오므리고 앞으로 내밀면서 '위'라고 발음하는데, 단독으로 사용하는 단운모로 쓰일 때는 입 모양의 변화가 처음부터 끝까지 동일하게 유지되어야 한다는 점에 주의하여 지도한다. ü를 발음할 때 윗입술과 아랫입술을 오므리는데 가운데에 납작하고 편평한 작은 구멍을 남겨두고, 혀 앞부분을 경구개를 향해 들어올린다. ü가 음절의 첫 머리에 자리할 때는 짧고 가볍게 발음하고 입술의 모양을 신속하게 바꿔 ü의 뒤에 오는 나머지 운모의 발음을 마무리한다.

예 捐 juān | 确 què | 迅速 xùnsù

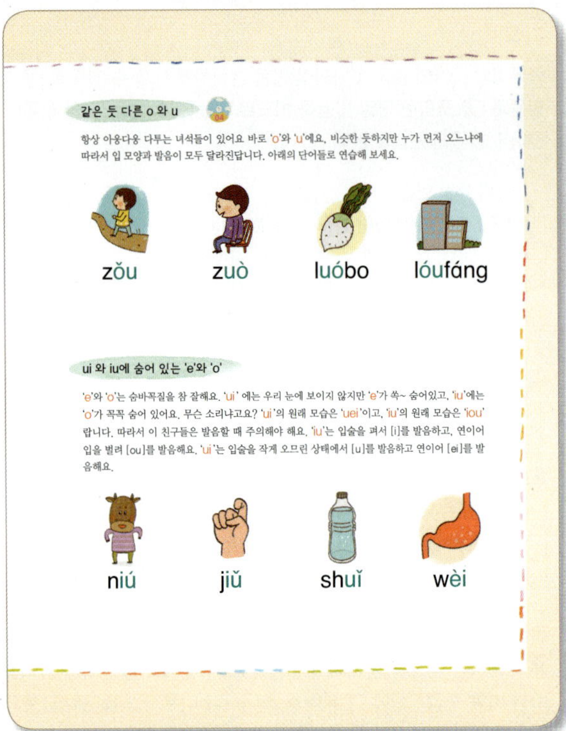

같은 듯 다른 o 와 u

항상 아옹다옹 다투는 녀석들이 있어요 바로 'o'와 'u'에요. 비슷한 듯하지만 누가 먼저 오느냐에 따라서 입 모양과 발음이 모두 달라진답니다. 아래의 단어들로 연습해 보세요.

zǒu zuò luóbo lóufáng

ui 와 iu에 숨어 있는 'e'와 'o'

'e'와 'o'는 숨바꼭질을 참 잘해요. 'ui' 에는 우리 눈에 보이지 않지만 'e'가 쏙~ 숨어있고, 'iu'에는 'o'가 꼭꼭 숨어 있어요. 무슨 소리냐고요? 'ui'의 원래 모습은 'uei'이고, 'iu'의 원래 모습은 'iou'랍니다. 따라서 이 친구들은 발음할 때 주의해야 해요. 'iu'는 입술을 펴서 [i]를 발음하고, 연이어 입을 벌려 [ou]를 발음해요. 'ui'는 입술을 작게 오므린 상태에서 [u]를 발음하고 연이어 [ei]를 발음해요.

niú jiǔ shuǐ wèi

지도 tip

설면음 j, q, x와 ü가 결합된 중국어 표현으로 성조를 연습할 수도 있다.

예 jū(居) jú(局) jǔ(举) jù(句)
qū(区) qú(渠) qǔ(取) qù(去)
xū(虚) xú(徐) xǔ(许) xù(续)

또한 jū(居) jù(句), jú(局) jǔ(举) 처럼 제1성과 제4성, 제2성과 제3성으로 순서를 조정해서 연습을 해 보는 방법도 있다. 이는 각 성조가 가진 음의 간격을 극대화 시킴으로써 학생들의 성조에 대한 민감성을 길러줄 수 있다.

같은 듯 다른 o와 u

① 'o'와 'u'를 정확하게 발음해 보도록 한다.
② 교재에 나와있는 단어를 크게 읽어보게 한다.

◆ 교재에 나와 있는 단어 외에 'o'와 'u'가 포함된 단어를 추가적으로 제시하여 연습해 볼 수 있다.

▶ 운모 'o'는 입은 반쯤 벌리고 입 모양을 둥글게 하여 '오'와 '어'의 중간 음을 낸다. 운모 'u'는 입을 작게 벌리고 입술은 둥글게 오므리면서 '우'라고 발음한다. 이 두 개의 단운모로 이루어진 복합운모 'ou'와 'uo'는 각 발음의 난이도는 높지 않지만 어린 학생들이 한어병음을 자세히 살펴보지 않고 읽을 때 'ou'를 'uo'로, 'uo'를 'ou'로 발음하는 경우가 종종 있다. 복합운모 'ou'는 입을 크고 둥글게 벌려 'o'를 발음하고 가볍게 'u'를 발음한다. 우리말의 '오우'와 그 발음이 비슷하다. 복합운모 'uo'는 입술을 둥글고 작게 오므려 '우'를 발음하고 연이어 '오'를 발음한다. 우리말의 '우오'와 그 발음이 비슷하다.
운모 'u'는 두 입술을 다물어 오므리면서 작은 동그라미를 만들어 발음한다. 이때 혀가 뒤로 움츠러들고 혀의 뒷부분이 연구개 방향으로 올라간다. 'u'가 음절의 첫 머리에 자리할 때는 짧고 가볍게 발음하고 입술의 모양을 신속하게 바꿔 'u'의 뒤에 오는 나머지 운모의 발음을 마무리한다.

ui와 iu에 숨어 있는 'e'와 'o'

① 'uei'와 'iou'를 정확하게 발음해 보도록 한다.
② 교재에 나와 있는 단어를 크게 읽어보게 한다.

◆ 교재에 나와 있는 단어 외에 uei와 iou가 포함된 단어를 추가적으로 제시하여 연습해 볼 수 있다.

▶ 운모 'uei'와 'iou'의 앞에 성모가 결합하면 이 때 'e'와 'o'는 생략하고 'ui'와 'iu'로 표기한다. 'uen'도 마찬가지로 앞에 성모가 결합하면 가운데 'e'는 생략하고 'un'으로 표기한다.
이러한 현상은 실제 발음을 할 때 'uei'와 'iou', 'uen'이 성모와 서로 맞붙어 있을 때 중간 모음인 운모 'e'와 'o'의 발음이 명확하지 않기 때문에 한어병음 표기에서 생략하게 되었다고 한다.
나이가 어린 학습자들에게는 이러한 발음의 규칙을 설명하기보다는 본문이나 연습문제에서 노출되는 'ui'와 'iu'를 포함한 발음을 볼 때마다 충분한 발음 연습을 통해 무의식적으로 정확한 표준 발음을 구사할 수 있도록 꾸준히 지도하는 것이 바람직하다.

지도 tip

교재 11-13쪽의 발음 연습은 한국의 중국어 학습자가 자주 혼동하는 발음을 다시 한 번 정리해 보기 위해 마련된 내용이다. 따라서 한어병음을 보고 정확한 발음으로 읽을 수 있다면 예비단원의 학습 목표는 모두 달성한 것으로 본다. 만약 학습자가 고학년이거나 한자에 대한 인지가 일정한 수준 이상이라면 발음에 해당하는 실제 한자를 복사물로 준비하여 각 예시의 아래 부분에 적어보도록 한다거나 라벨지 등에 출력하여 스티커처럼 붙여 보는 활동을 진행하여, 부가적인 학습 효과를 꾀할 수 있다. 이와는 반대로 학생들이 기본적인 한어병음 읽기에도 어려움을 느낀다면 교사는 단운모의 기본 발음부터 정확하게 구사할 수 있도록 학습 내용을 조절할 수 있다. 이처럼 수업시간에 진행하는 모든 활동의 수위는 절대적인 틀만을 고수하는 것이 아니라, 학습자의 중국어 구사 능력, 이해 수준을 감안하여 교사가 융통성 있게 학급을 운영해야 한다.

마무리하기

1. 학습 내용 정리

중국어 실력을 향상 시키기 위한 방법에 대해 간단히 요약해 보고, 주의해야 할 발음들을 다시 한 번 큰 소리로 읽어 보며 학습 내용을 정리한다.

2. 과제 부여

① 중국어 실력 향상을 위한 구체적인 계획을 세워 보도록 한다.
② 오늘 학습한 주의해야 할 발음이 포함된 단어들을 정확한 발음으로 읽어 오게 한다.

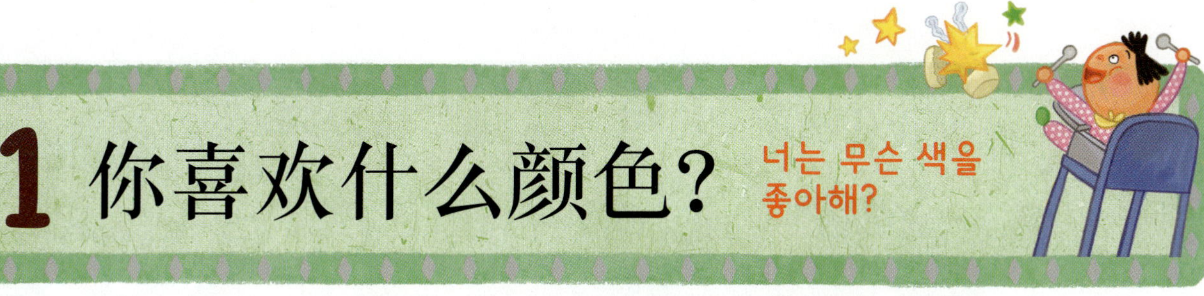

단원 소개 및 학습 내용

중국인이 빨간색을 좋아하는 이유와 그와 관련된 문화를 알아본다. 좋아하고 싫어하는 것을 묻고 답하는 표현을 익히고, 다양한 색깔 표현을 학습하여 말하기에 활용한다.

단원 학습 목표

1. 혼동하기 쉬운 성모 p, f, h를 포함한 발음을 정확하게 할 수 있다.
2. '喜欢'과 '不喜欢'을 활용하여 자신이 좋아하는 것과 싫어하는 것을 표현할 수 있다.
3. 다양한 색깔을 표현할 수 있다.

단원 지도 계획

차시	교재 범위	학습 단계	학습 내용
1	14~17쪽	문화	만사형통 빨간색!
		발음	성모 p, f, h와 운모 an, ei, ang, eng
		새 단어	본문 새 단어 학습 쓰기 연습 (红, 色)
2	18~19쪽	회화	좋아하는 색과 싫어하는 색 묻고 답하기
3	20~21쪽	교체 연습	'什么'를 활용한 의문문 '不喜欢'을 활용한 부정 표현
		연습 문제	발음 및 본문 내용 관련 문제 풀기
4	22~23쪽	확장 연습	다양한 색깔 표현 익히기
		활동	노래로 배워요: 무슨 색을 좋아하니?

1차시

14~17쪽

학습 목표

- 중국인이 빨간색을 좋아하는 이유를 알고 그와 관련된 문화를 이해할 수 있다.
- 성모 p, f, h와 운모 an, ei, ang, eng을 결합하여 발음할 수 있다.
- 새 단어의 발음과 뜻을 익히고, 획순에 맞게 쓸 수 있다.

수업 준비물

교재, 멀티 CD, 단어 카드

들어가기

1. 지난 시간 복습

예비 단원에서 익혔던 주의해야 할 발음을 간단히 확인한다.

2. 새로 배울 내용 소개

① 그림과 문화 내용을 살펴보면서 이번 단원에서 배울 내용이 무엇인지 유추해 보게 한다.

◆ 식당에서 생일 축하 파티를 하고 있는 친구들이 보인다. 선물의 색깔이 모두 빨간색이고 식당 곳곳에 빨간색의 장식물이 있으며, 빨간색 종이 위에 복(福)자가 거꾸로 붙어 있다. 이를 통해 중국인들이 좋아하는 색깔은 빨간색임을 유추할 수 있도록 하고, 더 나아가 이번 단원에서 색깔과 관련된 표현을 배울 것임을 설명한다.

② 실제 학생들의 생활과 밀접한 관련이 있는 부분을 언급함으로써 흥미를 유발한다.

③ 새로운 내용을 학습하기에 앞서 가볍게 발음 연습을 하고, 본문 학습 이전에 새 단어를 익혀 보는 시간임을 알려 준다.

펼치기

- **문화 소개: 중국인이 좋아하는 빨간색**

① 빨간색으로 치장된 중국인의 혼례나 잔치, 명절 맞이 장면 등이 담긴 다양한 사진을 준비하여 학생들에게 보여줌으로써 중국인들이 빨간색을 좋아함을 유추할 수 있게 한다.

◆ 축의금이나 세뱃돈을 넣어주는 붉은 봉투인 홍빠오(红包 hóngbāo), 중국의 국기인 오성홍기(五星红旗 Wǔxīnghóngqí), 그밖에 빨간색 간판이나 선물 등의 사진을 보여 준다.

② 본문의 문화 내용을 함께 읽어 본다.

③ 이번 과에서 배우는 내용과 연관이 있음을 언급하고 수업을 시작한다.

보충

중국인의 붉은색 사랑

예로부터 중국인은 붉은색이 나쁜 기운이나 귀신을 쫓아내는 색이라고 믿어왔다. 따라서 경사스러운 일을 축하하는 장소에서 붉은색 장식을 많이 볼 수 있다. 또한 붉은색은 부(富)와 행복을 상징하기 때문에 세뱃돈이나 결혼 축의금을 붉은색 봉투인 '红包 hóngbāo'에 넣어 준다. 12년마다 돌아오는 자신의 출생 띠에 해당하는 해에 빨간색 허리띠를 두르거나 빨간색 양말 또는 속옷을 착용하면 그 해의 안 좋은 일들을 막고 평안하게 보낼 수 있다는 민간 속설이 있다.
그리고 중국에서는 설을 쇠거나 결혼식을 할 때 '기쁠 희(喜)'자를 두 개 겹친 '쌍희'자나 거꾸로 된 '복(福)'자를 붙여 장식하는데 이러한 장식의 색깔 역시 붉은색이 주를 이룬다. '복(福)'자를 거꾸로 붙이는 이유는 중국어에서 '거꾸로(倒 dào)'라는 뜻의 단어가 '오다(到 dào)'라는 단어와 발음이 같아서 '복'자를 거꾸로 붙여 두면 복이 온다고 믿기 때문이다. 그리고

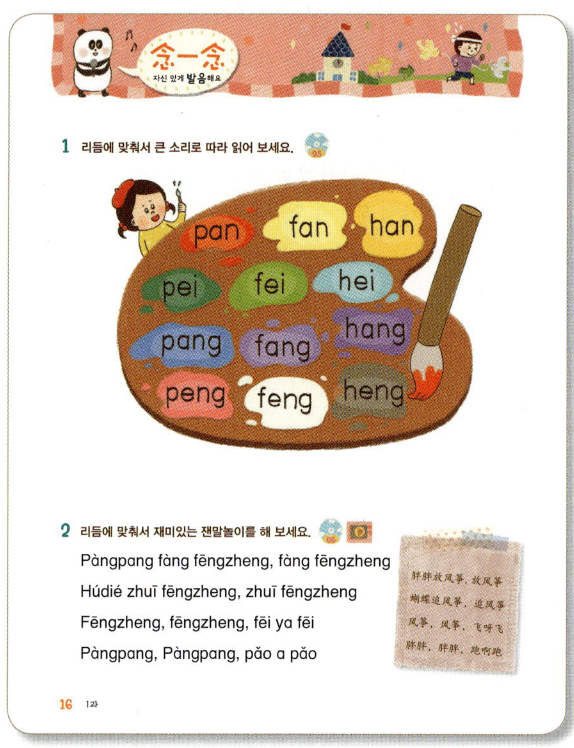

念一念 자신 있게 발음해요

1 리듬에 맞춰서 큰 소리로 따라 읽어 보세요.

pan fan han
pei fei hei
pang fang hang
peng feng heng

2 리듬에 맞춰서 재미있는 잰말놀이를 해 보세요.

Pàngpang fàng fēngzheng, fàng fēngzheng
Húdié zhuī fēngzheng, zhuī fēngzheng
Fēngzheng, fēngzheng, fēi ya fēi
Pàngpang, Pàngpang, pǎo a pǎo

胖胖放风筝，放风筝
蝴蝶追风筝，追风筝
风筝，风筝，飞呀飞
胖胖，胖胖，跑啊跑

16 1과

붉은색을 의미하는 '红 hóng'이라는 단어의 사전적 의미에는 '붉다', '빨갛다'라는 원래 의미 외에도, '(사업 등이)번창하다', '성공적이다', '인기 있다' 등의 의미도 있다. 이를 통해 중국인들이 얼마나 붉은색을 사랑하고 선호하는지 알 수 있다.

念一念 자신있게 발음해요

1. 발음 연습

① 녹음을 들려 주고 따라 읽게 한다.

② 쉽게 틀리는 발음이 무엇인지 파악하고 교정해 준다.

◆ 혼동하기 쉬운 성모인 'p', 'f', 'h'와 운모를 결합한 발음 연습이다.

보충

'p', 'f', 'h' 발음 연습

'f'와 'p'는 발음 부위와 발음 방법이 모두 다르다. 순치음인 'f'는 윗니를 아랫입술에 살짝 대고 그 틈으로 숨을 내쉬면서 발음하고, 쌍순음인 'p'는 강한 압력으로 입술을 붙였다 떼면서 숨을 내쉬며 발음한다. 학습자의 연령과 이해 정도를 감안하여 우리말 발음과의 차이를 스스로 느껴볼 수 있도록 지도한다.
또한 영어 발음에 익숙한 학생들은 'h'를 발음할 때 영어의 'h' 발음과 혼동하는 경우가 있다. 영어의 'h'는 '후음(喉音)', 즉 '목구멍 소리'이기 때문에 발음을 할 때 마치 호흡을 하는 듯하지만, 중국어의 'h'는 혀뿌리를 입천장 가까이에 대고 그 틈으로 마찰시켜 발음하는 소리이다.

다음과 같은 단어들로 발음을 연습해 볼 수 있다.

예 pèifú(佩服) | pòfèi(破费) | fāpiào(发票) | fúhào(符号) | hǔfú(虎符) | hánfēng(寒风) | fènghuáng(凤凰)

학생들에게 발음의 부위와 방법, 정확한 발음의 원리 등을 자세히 설명할 필요는 없다. 교사는 일정한 발음에서 학생들이 왜 비슷한 실수를 범하는지에 대한 원인을 정확하게 파악하고 그에 맞는 적절한 연습을 하는 정도로 지도한다. 발음은 이론이라기보다는 실천의 영역이므로 자세한 설명으로 교정을 하기보다는 충분한 연습을 통해 학생들이 자연스럽게 체득할 수 있도록 도와주는 것이 바람직하다.

③ 우리말에 없는 발음 또는 영어와 표기는 같지만 발음이 다른 경우는 특히 주의하여 집중적으로 연습할 수 있도록 한다.

2. 잰말놀이

본 단원의 잰말놀이는 혼동하기 쉬운 중국어 발음 중 'p', 'f', 'h'를 집중적으로 연습하기 위한 것이다. 잰말놀이를 통해 중국어 발음에 익숙하지 않은 학생들이 흥미를 갖도록 할 수 있다. 처음에는 천천히 읽게 하고, 성취도에 따라서 점차 빠르게 읽을 수 있도록 지도한다. 잰말놀이를 연습하는 과정에서 단어의 학습이 자연스럽게 진행될 수는 있으나, 교사가 의도적으로 단어 및 문형 학습에 비중을 두지 않도록 한다. 학생들이 중국어 발음을 정확하고 자연스럽게 연습하면서 어감을 느낄 수 있도록 지도한다.

① 리듬에 맞춰 가볍게 따라 읽게 한다.

② 부정확하거나 쉽게 틀리는 발음이 무엇인지 파악하고 교정한다.

③ 연습 정도에 따라 속도를 조절하여 능숙하게 발음할 수 있도록 지도한다.

지도 tip

반복해서 연습하는 것이 지루하게 느껴진다면, 유희적인 요소를 가미하여 학생들의 흥미를 높일 수 있다.
예를 들어 A, B조로 나누어 A조는 'Pàngpang'이라는 발음이 나올 때 마다, B조는 'fēngzheng'이라는 발음이 나올 때마다 자리에서 일어났다 앉는다. 처음에는 녹음을 들으며 정해진 단어에 일어나는 단순한 방법으로 진행하고, 학생들이 잰말놀이에 익숙해지면 다같이 노래를 부르다가 해당하는 조가 일어나는 방식으로 난이도를 높여가며 진행할 수 있다. 학습현장의 분위기와 학생들의 수준에 따라 단계적으로 진행한다.
이와 같이 정해진 단어에 활동적인 요소들을 결합하는 것은 학생들이 목표 발음에 보다 집중하고, 여러 감각기관을 동시에 활용할 수 있게 해 준다. 이는 학습자의 기억 및 학습효과를 극대화할 뿐 아니라, 즐거운 수업 분위기를 조성할 수 있게 해 준다.

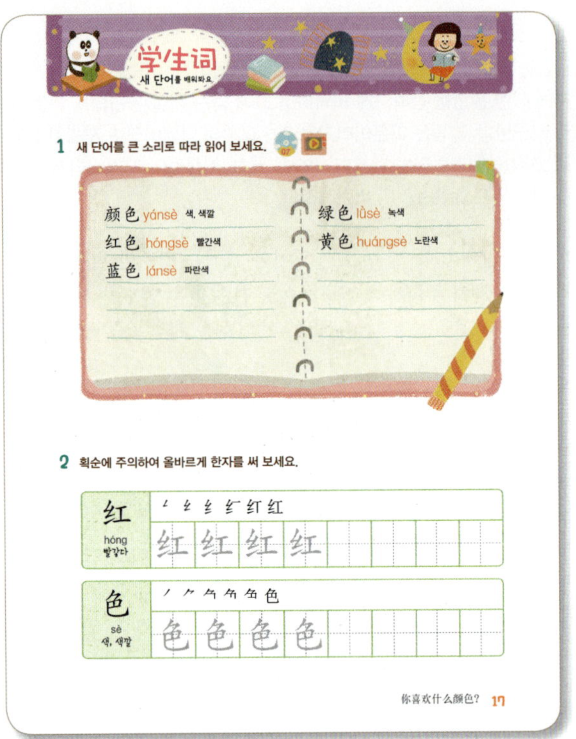
学生词 새 단어를 배워봐요

1 새 단어를 큰 소리로 따라 읽어 보세요.

颜色 yánsè 색, 색깔
红色 hóngsè 빨간색
蓝色 lánsè 파란색
绿色 lǜsè 녹색
黄色 huángsè 노란색

2 획순에 주의하여 올바르게 한자를 써 보세요.

红 hóng 빨갛다	ㄥ 纟 纟 纟一 纟丅 红
色 sè 색, 색깔	丿 ⺈ ⺈ 刍 刍 色

你喜欢什么颜色? 17

学生词 새 단어를 배워봐요

1. 어휘 학습

① 녹음을 듣고 큰 소리로 따라 읽게 한다.
② 단어의 의미와 주의해야 할 발음을 설명한다.

颜色 yánsè 색, 색깔
'颜'은 '낯 안(顏)'의 간체자이다. 우리말에서 '顏色'은 '얼굴 빛', '안색'의 의미로 사용되지만, 중국어에서 '颜色'는 '색깔'이라는 뜻이다. 이러한 내용을 학생들에게 모두 알려줄 필요는 없지만, 한자에 익숙한 학생들이 혼동하여 질문하게 될 경우를 대비하여 교사는 수업시간에 다룰 한자와 관련된 기본지식을 숙지하고 있는 것이 좋다.

红色 hóngsè 빨간색

蓝色 lánsè 파란색
학생들이 'l'와 'r'의 발음을 혼동하지 않도록 주의하여 지도한다.
예 天然 tiānrán – 天蓝 tiānlán | 热天 rètiān – 乐天 lètiān

绿色 lǜsè 녹색
'ü'는 입술을 오므리고 앞으로 내밀면서 '위'라고 발음한다. 발음이 끝날 때까지 입 모양을 유지할 수 있도록 지도한다.
'ü'는 'j', 'q', 'x'와 만나면 위의 점 두 개를 생략하여 'u'로 표기하지만, 'j', 'q', 'x'가 아닌 다른 성모들과 만나면 'ü'로 표기해야 함을 다시 한 번 주의시킨다.

黄色 huángsè 노란색

③ 녹음을 다시 듣고 따라 읽게 한다.

2. 쓰기 연습

① 교사는 제시된 단어를 칠판에 쓰면서 획순을 알려 준다.
② 획순에 주의하여 학생 스스로 써 보도록 한다.
③ 학생이 잘못 쓰는 글자를 다시 한 번 짚어 준다.
④ 학생이 칠판 앞으로 나와서 교사가 지정해 준 한자를 필순에 맞게 써 보고 발음해 보도록 한다.

红 부수 纟 총 6획

- 왼쪽에서 오른쪽으로 쓴다.
- 위에서 아래로 쓴다.

ㄥ 纟 纟 纟一 纟丅 红

色 부수 色 총 6획

- 위에서 아래로 쓴다.
- 2번째 획, 3번째 획, 6번째 획은 끊이지 않게 한 번에 쓴다.
- 마지막 획의 끝 부분은 갈고리처럼 살짝 올려 쓰도록 한다.

丿 ⺈ ⺈ 刍 刍 色

지도 tip
보다 활동적인 방법으로 새 단어에 대한 학생들의 이해 정도를 파악하고 싶다면, 한 사람씩 칠판 앞으로 나와 한 획을 쓰고 다음 사람에게 펜을 넘겨 또 한 획을 쓰게 해 여러 명이 한자쓰기를 완성하는 게임을 할 수 있다. 여러 학생들이 참여하여 한 글자를 완성하게 함으로써 쓰기를 부담스러워 하는 학생들이 보다 쉽게 한자쓰기에 접근할 수 있고, 협동심을 기를 수 있다. 또한 친구들이 한자를 쓰는 모습을 보면서 미처 익히지 못한 한자를 외우거나 잘못 쓴 부분을 고치는 등 자연스러운 상호 교정을 통한 또 다른 학습효과를 기대할 수 있다.

참고 사이트
www.yes-chinese.com/tzg/
→ 필순이 포함된 쓰기 활동지를 만들 수 있다.
http://nlp.blcu.edu.cn/others/center/sys/bishun/flash.php
→ 한자의 필순을 온라인으로 조회 가능하다.

마무리하기

1. 학습 내용 정리
수업 내용에 관한 질문을 통해 학생들의 이해도를 점검한다. 학생들이 특히 어려워하는 부분이 어디인지 확인하고, 다시 한 번 짚고 넘어간다.

2. 과제 부여
① 본서 16쪽의 '발음 연습'과 '잰말놀이'를 큰 소리로 읽는 연습을 해 오도록 한다.
② 학습한 단어의 뜻과 한어병음이 익숙해질 수 있도록 멀티 CD(TRACK 07)를 반복해서 듣고 오게 한다.

2차시 18~19쪽

학습 목표

- 의문사 '什么'를 활용하여 의문문을 말할 수 있다.
- 좋아하는 색과 싫어하는 색을 묻고 답할 수 있다.

수업 준비물

교재, 멀티 CD

들어가기

1. 지난 시간 복습
   ① 과제를 확인한다.
   ② 그림 자료나 PPT 등의 시각 자료를 활용하여 지난 차시에 다룬 문화 관련 내용을 확인한다.

2. 새로 배울 내용 소개
   ① 학습 목표를 소개한다.
   ② 본문의 그림을 보고 어떤 상황인지 유추해 보도록 한다.

펼치기

一起说 친구들과 대화해요

1. 단어 확인하기
   ① 단어 카드를 활용하여 지난 시간에 학습한 단어를 읽어 보게 한다. 멀티 CD의 단어 플래시를 활용하여 단어를 복습할 수도 있다.
   ② 교사가 중국어로 단어를 제시하면 학생들은 우리말로 그 단어의 뜻을 말한다.
   ③ 학생들이 단어의 뜻을 정확하게 이해했다면, 교사는 학생들에게 우리말로 단어를 제시하고 중국어로 대답해 보게 한다.

2. 녹음 듣고 문장 연습하기
   ① 녹음을 들려 주고 따라 읽게 한다.
   ② 문장 단위로 따라 읽게 하고 해석한다.

본문 해석

惠敏	妈妈，你喜欢什么颜色? 엄마, 엄마는 무슨 색을 좋아하세요?
惠敏的妈妈	我喜欢红色。 빨간색을 좋아한단다.
惠敏	姐姐，你也喜欢红色吗? 언니, 언니도 빨간색을 좋아해?
惠敏的姐姐	我不喜欢红色。 나는 빨간색을 좋아하지 않아.
	我喜欢蓝色、绿色和黄色。 나는 파란색, 녹색 그리고 노란색을 좋아해.

지도 tip

비교적 긴 확장 문장의 연습은 '颜色 → 什么颜色 → 喜欢什么颜色 → 你喜欢什么颜色'처럼 문장의 맨 뒤부터 시작하는 것이 더 효과적이다. 만약 '你 → 你喜欢 → 你喜欢什么 → 你喜欢什么颜色'처럼 문장의 앞부분부터 연습을 진행하면 학생들의 머릿속에는 '你喜欢'에 대한 기억만 강하게 남기 때문에 문장 발화 연습의 효과가 줄어들게 된다. 따라서 확장형 문장의 경우에는 가급적 문장의 뒷부분부터 말하기 연습을 시작하여 점차 문장을 늘려가는 방식을 선택하는 것이 좋다.

또는 단어나 그림 카드를 활용하여 문장 확장 연습을 할 수도 있다. 그림 카드는 단어가 가진 의미를 시간적으로 전달하기 때문에 학습자는 글자를 인식해서 말을 해야 한다는 부담감을 덜 느낄 뿐 아니라 학습 내용을 더 잘 기억할 수 있다는 장점이 있다. 저학년이 문장 확장 연습을 할 때는 한자의 노출 빈도를 높여 주어야 한다는 생각을 관철시키려고 해서는 안 된다. 그림, 사진 등을 활용하여 표현 자체를 익힌 후 말하기 연습으로 진행하는 식으로 융통성을 발휘할 필요가 있다.

③ 교재의 문장을 정확한 발음으로 읽어 보도록 한다.

- ◆ 중국어는 같은 글자가 중첩되어 하나의 단어로 쓰일 때 두 번째 글자가 경성이 되는 경우가 많다. 가장 대표적인 예로 '爷爷', '奶奶', '爸爸', '妈妈' 등의 가족 명칭을 들 수 있다.
  '喜欢 xǐhuan'의 원래 성조는 각각 '喜 xǐ', '欢 huān'이지만 두 글자가 모여 하나의 단어로 쓰일 때는 '欢'이 경성으로 바뀐다. 간혹 포털 사이트 등의 중국어 사전에서 'huān'으로 표기되어 있거나, 간체자-한어병음 자동변환 사이트를 사용하는 경우 'huān'으로 표기되는 경우가 있으므로 보충 자료를 준비할 때 다시 한 번 확인하는 과정이 필요하다.

④ 두 사람씩 짝을 지어 대화문을 연습해 보게 한다. 역할을 바꾸어 가면서 연습하도록 지도하여 반복적인 연습이 지루해지지 않도록 주의한다.

⑤ 간체자만 보고 본문을 읽는 연습을 한다.

3. 문장 듣고 해석하기

교사가 읽어 주는 내용을 듣고 우리말로 해석하게 한다.

4. 해석 듣고 중국어 문장으로 말하기

① 실제 대화하는 것처럼 자연스럽게 말하도록 지도한다.

② 짝과 함께 회화 내용을 연습하고, 역할을 바꾸어 반복 연습하도록 지도한다.

지도 tip

학습한 색깔 단어인 빨간색, 파란색, 노란색과 녹색을 교재 그림에서 찾으면서 '红色 hóngsè', '蓝色 lánsè', '黄色 huángsè', '绿色 lǜsè'라고 중국어로 표현해 보는 연습을 통해 색과 표현을 시각적으로 연결할 수 있다.
교재 본문의 그림에서 찾을 수 있는 다른 색깔들에는 어떤 것이 있는지 질문을 통해 알아보고, 다음 시간에 다양한 색깔 표현을 익힐 것임을 예고하여 학습에 대한 기대감을 높여줄 수 있다.

보충

포켓차트를 활용한 어순 지도

포켓차트는 한어병음, 단어 및 문장 학습, 노래 가사 등의 학습 영역을 지도할 때 사용할 수 있는데. 투명한 비닐(PVC소재)로 만들어진 포켓 부분에 그림이나 문자 등의 시간적인 자료를 꽂아두고 다양한 방식으로 활용하는 것이다. 특히 시간의 흐름에 따른 이야기 전개나 문장의 어순을 설명할 때 구조 자체를 눈으로 확인할 수 있다는 장점이 있다.

포켓차트는 휴대가 간편하기 때문에 가정, 학교, 외부 현장학습 상황에서도 활용할 수 있으나, 걸어서 부착시켜 사용해야 한다는 제약이 있다. 고정 시킬 공간이 없으면 활용도가 낮아지기 때문이다. 직접 제작을 해서 사용해도 되고, 각종 포털 사이트에서 '포켓차트'로 검색하면 다양한 규격의 포켓차트가 있으므로 자신의 수업 스타일과 카드 교구의 크기를 감안하여 적절히 선택하여 사용한다.

저학년들은 문장 연습에 활용될 구체적인 단어들을 학습한 후, 교사가 준비한 그림 카드나 글자 카드를 활용하여 포켓차트에 꽂아가며 연습을 할 수도 있다. 포켓차트에 카드를 꽂아가며 문장을 완성하는 과정을 통해 학생들은 수업의 재미와 즐거움을 느낄 수 있다. 교사는 연습 과정에서 드러나는 학생들의 실수를 통해 어느 부분이 보완되어야 하는지를 파악할 수 있어 후속 학습을 보다 유기적이고 유의미하게 준비할 수 있고, 학습효과를 높일 수 있다.
칠판에 자석을 부착할 수 있는 경우라면 포켓차트 대신 낱글자 카드를 활용할 수도 있다. (『신나는 어린이 중국어 ②』의 낱글자 카드는 http://cafe.naver.com/funchinese/4922에서 제공)

낱글자 카드는 자석이 없는 경우 셀로판테이프를 사용해서 부착할 수 있다. 학생들이 단어의 의미가 드러나도록 자신만의 그림으로 카드를 만들어서 실제 수업에서 교구로 활용하는 것도 학생들의 참여도를 높이기 위한 하나의 방법이다. 단, 중국어 수업 시간은 언어학습을 위한 시간이므로 그리기 활동으로 너무 많은 시간이 할애되지 않도록 주의하고, 그리기를 하는 동안 수업의 분위기가 너무 소란해지지 않도록 지도해야 한다.
(『신나는 어린이 중국어』의 캐릭터는 http://cafe.naver.com/funchinese/4954에서 제공)

마무리하기

1. 학습 내용 정리

학습 내용을 다시 한 번 확인한다. 멀티 CD 회화 애니메이션의 자막을 변경해 가며 회화 내용을 확실히 익혔는지 확인해 볼 수 있다.

2. 과제 부여

① 본문을 세 번씩 큰 소리로 읽어 오게 한다.

② 친구들에게 좋아하는 색을 중국어로 물어 보고, 친구들이 좋아하는 색을 중국어로 알아 오도록 한다.

3차시 20~21쪽

学一学 차근차근 익혀봐요

'什么'는 '무슨, 어떤, 어느'라는 뜻으로 어떤 것에 대해 구체적으로 물을 때 사용해요.

你喜欢什么颜色?
Nǐ xǐhuan shénme yánsè?
너는 무슨 색깔을 좋아하니?

밑줄 친 부분을 바꿔서 말해봐요!

动物 dòngwù 동물 | 季节 jìjié 계절 | 运动 yùndòng 운동

• '什么'를 사용하여 질문할 때는 '吗'를 쓰지 않아요.

'~을 좋아하다'라는 뜻을 가진 '喜欢' 앞에 '不'를 붙이면 '~을 좋아하지 않는다'라는 뜻이 됩니다.

我不喜欢蓝色。
Wǒ bù xǐhuan lánsè.
나는 파란색을 좋아하지 않아.

밑줄 친 부분을 바꿔서 말해봐요!

粉红色 fěnhóngsè 분홍색 | 白色 báisè 흰색

20 1과

학습 목표

- '什么'를 활용하여 의문문을 말할 수 있다.
- '不喜欢'을 활용하여 좋아하지 않는 것을 표현할 수 있다.

수업 준비물

교재, 음성 자료

들어가기

1. 지난 시간 복습

① 과제를 확인한다.

② 지난 차시 학습 내용을 확인한다. 좋아하는 색깔 또는 좋아하지 않는 색깔을 문답식으로 확인하거나, 상황에 맞는 그림 또는 PPT 자료를 활용하여 확인한다.

2. 새로 배울 내용 소개

① 학습 목표를 소개한다.

② 주제와 관련된 내용을 소개한다.

짝과 함께 좋아하는 색깔이나 동물, 계절, 운동 등에 대해 자유롭게 이야기를 나누어 보도록 한다.

펼치기

学一学 차근차근 익혀봐요

1. '什么'를 활용한 의문문

① 녹음을 듣고 정확한 발음으로 따라 읽도록 지도한다.

② 새 단어의 의미를 확인하고 문장으로 연습해 본다.

③ 제시된 문장을 교사와 학생이 번갈아 읽어 본다.

> 你喜欢什么颜色? 너는 무슨(어떤) 색깔을 좋아하니?
>
> 밑줄 친 부분을 바꿔서 말해봐요!
> 你喜欢什么动物? 너는 무슨(어떤) 동물을 좋아하니?
> 你喜欢什么季节? 너는 무슨(어떤) 계절을 좋아하니?
> 你喜欢什么运动? 너는 무슨(어떤) 운동을 좋아하니?

지도 tip

이번 차시에서 자연스럽게 제시할 수 있는 확장 단어의 주제는 동물, 계절, 운동이다. 확장 단어는 주제와 관련된 기본적인 단어들을 교사가 임의대로 제시할 수도 있지만, 학생들이 실제로 좋아하는 색깔, 동물, 계절 등을 알려주는 것이 학습 동기를 부여하기에 용이하다. 따라서 해당 차시 수업에 앞서 간단한 조사를 하거나 쪽지에 적어 제출하게 함으로써 학생들의 의견을 반영한 단어들을 추가적으로 알려줄 수 있다. 또는 전체 학생들이 좋아하는 것을 간단하게 표로 정리해서 함께 보면서 중국어로 표현해 볼 수 있다. 모든 연습 및 활동은 교사가 학생의 이해 정도와 학습 수준을 정확하게 판단하여 진행하여야 한다.

보충

동물

鲸鱼 jīngyú 고래 | 刺猬 cìwei 고슴도치 | 孔雀 kǒngquè 공작 | 长颈鹿 chángjǐnglù 기린 | 骆驼 luòtuo 낙타 | 狼 láng 늑대 | 鹿 lù 사슴 | 狮子 shīzi 사자 | 沙鱼 shāyú 상어 | 鳄鱼 èyú 악어 | 斑马 bānmǎ 얼룩말 | 变色龙 biànsèlóng 카멜레온 | 袋鼠 dàishǔ 캥거루 | 大象 dàxiàng 코끼리 | 犀牛 xīniú 코뿔소 | 鹈鹕 tíhú 펠리컨 | 企鹅 qǐ'é 펭귄 | 豹子 bàozi 표범 | 河马 hémǎ 하마 | 仓鼠 cāngshǔ 햄스터

운동

棒球 bàngqiú 야구 | 排球 páiqiú 배구 | 网球 wǎngqiú 테니스 | 滑冰 huábīng 스케이트 | 保龄球 bǎolíngqiú 볼링 | 滑雪 huáxuě 스키 | 跆拳道 táiquándào 태권도

2. '不喜欢'을 활용한 부정 표현

① 녹음을 듣고 정확한 발음으로 따라 읽도록 지도한다.

② 새 단어의 의미를 확인하고 문장으로 연습해 본다.

③ 제시된 문장을 교사와 학생이 번갈아 읽어 본다.

> 我不喜欢蓝色。 나는 파란색을 좋아하지 않아.
>
> 밑줄 친 부분을 바꿔서 말해봐요!
> 我不喜欢粉红色。 나는 분홍색을 좋아하지 않아.
> 我不喜欢白色。 나는 흰색을 좋아하지 않아.

练一练 재미있게 연습해요

1. 녹음과 일치하는 성모 찾아 빈칸에 쓰기
   ① 녹음을 들려준 후, 문제를 풀게 한다.
   ② 정답을 확인하고, 문제 풀이를 한다.
   ③ 녹음을 다시 한 번 듣고 따라 읽게 한다.

> **녹음대본**
> (1) chū hàn 出汗 땀이 나다
> (2) fàngxué 放学 수업을 마치다
> (3) péngyou 朋友 친구

[정답] (1) chū hàn (2) fàngxué (3) péngyou

지도 tip

'p'가 '송기음(送氣音)'이라는 것에 초점을 맞춰, 발음할 때 나오는 기류를 학생들이 직접 느껴 볼 수 있도록 얇은 종이나 휴지를 활용하여 연습할 수 있다. 교사는 얇은 종이 또는 휴지를 준비하여 학생들에게 나눠 주고, 각자 자신의 얼굴이 가려지도록 종이 또는 휴지를 가깝게 들고 'p'를 발음해 보게 한다. 이 때 나오는 기류에 의해 종이가 떨리는 모습을 직접 확인함으로써 'p'를 발음할 때 어느 정도로 세기를 조절해야 하는지 느껴 보게 한다. 전체 학급을 대상으로 한 수업에서 한두 명의 학생이 나와서 시범을 보이는 경우에는 발음을 할 때 생기는 기류에 의한 종이의 떨림을 다른 학생들이 잘 볼 수 있도록 반드시 옆모습이 보이도록 서 있게 한다. 이번 단원의 핵심 발음은 아니지만 'p'와 대조적인 차이를 드러낼 수 있는 'b'를 함께 연습해 봄으로써 떨림이나 기류 강약의 차이 등을 스스로 느껴 보는 기회를 제공할 수도 있다. 다음과 같은 단어를 활용하여 연습할 수 있다.

예 bàn(半) – pàn(判) | bèi(被) – pèi(佩) | bèng(迸) – pèng(碰) | bóbo(伯伯) – pópo(婆婆)

2. 말풍선 내용과 일치하는 색깔의 스티커 붙이기
   ① 말풍선 안의 문장을 읽어 보게 한다.
   ◆ 한자 아래에 한어병음을 직접 적어 보게 할 수 있다.
   ② 내용과 일치하는 스티커를 붙여 보게 한다.
   ③ 바르게 붙였는지 확인하며 문장을 큰 소리로 읽어 보게 한다.

[정답]

3. 녹음과 그림이 일치하는지 판단하기
   ① 녹음을 들려준 후, 문제를 풀게 한다.
   ② 정답을 확인하고, 문제 풀이를 한다.
   ③ 녹음을 다시 한 번 듣고 따라 읽게 한다.
   ④ 녹음과 일치하지 않는 그림에는 어떤 표현을 해야 하는지 확인한다.

> **녹음대본**
> (1) 我喜欢运动。Wǒ xǐhuan yùndòng.
> 나는 운동을 좋아해.
> (2) 弟弟不喜欢动物。Dìdi bù xǐhuan dòngwù.
> 남동생은 동물을 좋아하지 않아.

[정답] (1) × (2) ○

◆ (1)번 그림에는 '我喜欢看书。'라는 표현이 적합하다.

교재의 연습문제를 학습한 후, 워크북 문제를 함께 풀어 볼 수 있다. 워크북을 푸는 과정을 통해 학생들에게는 학습한 내용을 한 번 더 확인하는 기회를 제공하고, 교사는 학생들의 이해 정도를 파악하여 필요한 지도를 보충하거나 다음 수업의 난이도를 조정할 수 있다. 워크북의 모든 문제를 풀어 볼 수도 있지만, 필요에 따라 교사가 취사선택하여 풀어 볼 수도 있다.

마무리하기

1. 학습 내용 정리
   ① 学一学에서 학습한 내용을 정확히 이해했는지 확인한다.
   ② 연습문제에서 학생들이 자주 오류를 범하는 내용에 대해 다시 한 번 정리한다.

2. 과제 부여
   이번 시간에 학습한 내용을 자연스럽게 표현할 수 있도록 연습해 오게 한다.

4차시 | 22~23쪽

高一高 실력을 쑥쑥 키워요

여러 가지 색깔을 중국어로 어떻게 표현하는지 알아보고, 여러분이 좋아하는 색깔을 골라서 말해 보세요.

我喜欢________和________。

Wǒ xǐhuan________hé________.

22 1과

학습 목표

- 다양한 색깔 표현을 익히고 좋아하는 색을 중국어로 묻고 답할 수 있다.
- 노래를 통해 학습 내용을 익혀 중국어 표현 능력을 향상시킬 수 있다.

수업 준비물

교재, 멀티 CD

들어가기

1. 지난 시간 복습

① 과제를 확인한다.

② 学一学에서 다룬 표현을 함께 읽어 보거나 간단한 질문을 통해 복습한다.

2. 새로 배울 내용 소개

① 학습 목표를 소개한다.

② 주제와 관련된 내용을 소개한다.

교실에 있는 물건들의 색을 말해 보게 하거나, 각자 좋아하는 색과 싫어하는 색에는 어떤 것이 있는지 한국어로 자유롭게 이야기해 보게 한다.

펼치기

高一高 실력을 쑥쑥 키워요

- 다양한 색깔 표현 익히기

① 그림을 보고 어떤 색깔들이 보이는지 말해 보게 한다.

② 다양한 색깔 표현 단어들을 하나씩 정확하게 읽어 본다.

◆ 'huīsè'를 발음할 때 표기는 'ui'로 되어 있지만 원래 운모는 'uei'이기 때문에 세심하게 발음을 지도해야 한다. 저학년의 경우 자세한 설명보다는 교사가 정확한 발음으로 반복하여 듣고 따라 할 수 있도록 지도하는 것이 좋다.

③ 대답하는 표현에 다양한 색깔을 넣어 말해 보게 한다.

④ 충분히 연습한 후, 자신이 좋아하는 색깔을 두 가지씩 말해 보게 한다.

보충

다양한 색깔 표현

棕色 zōngsè 갈색 | 金色 jīnsè 금색 | 青色 qīngsè 남색, 청색 | 肉色 ròusè 살구색 | 淡绿色 dànlǜsè 연두색 | 银色 yínsè 은색 | 青绿色 qīnglǜsè 청록색 | 天蓝色 tiānlánsè 하늘색

'살색'의 바른 이름 '살구색'

예전에는 '살색'이라고 불렀지만 2005년 이후부터 '살색' 대신 '살구색'이라 표현하고 있다. 이러한 명칭의 변화는 우리 사회가 다양한 피부색을 가진 사람들과 함께하고 있기 때문에 특정한 한 색깔을 살색이라고 말하는 것이 인종차별적이라는 인식에 의한 것이다. 그러나 중국은 아직까지 '肉色'라는 표현을 쓰고 있다.

지도 tip

교재 18, 19쪽 본문 그림을 보며 학생들의 수준에 따라 난이도를 조절하여 다양한 색깔 표현의 한어병음을 적어 보는 연습을 할 수 있다.
저학년이나 아직 색깔 표현에 익숙하지 않은 학생의 경우에는 꼭 기억해야 할 색깔 표현 두세 가지를 지정하여 본문 그림에서 해당 색깔을 찾아 적어 보게 한다. 그리고 고학년이나 이해 정도가 빠른 학생의 경우에는 학습한 색깔들을 가능한 많이 찾아 한어병음을 적어 보게 한다.
본문의 그림을 보면서 학습한 내용을 확인하고 연습하는 활동은 학생들이 수업에서 활용하는 교재를 주의 깊게 살펴보는 습관을 기르는 데 도움을 준다.
또한 색깔을 표현하는 과정에서 '빨강색', '파랑색', '노랑색'이라고 부르는 실수를 하는 경우가 있다. 그러나 '빨강', '파랑', '노랑' 등은 품사가 모두 명사이므로 '빨간색', '파란색', '노란색'으로 부르는 것이 정확한 표현이다. 어린 연령의 학생들은 의식적이건 무의식적이건 생활의 모든 순간이 유의미한 학습이다. 따라서 교사는 수업에서 다루는 중국어를 정확히 구사해야 함은 물론이고 설명 및 전달을 위해 사용하는 우리말 표현의 정확성에도 주의를 기울여야 한다.
红色, 蓝色, 黄色 등의 색깔을 나타내는 단어에는 '색'이라는 의미의 명사 '色'가 포함되어 있음을 짚어 주어 공통된 글자를 통해 독음(读音)을 익히는 습관을 길러준다.

玩一玩 신나게 놀아 봐요

• **노래로 배워요: 무슨 색을 좋아하니?**

본 과의 학습 내용으로 구성된 노래를 연습하면서 학습한 표현이 익숙해지도록 한다. 노래를 통한 연습에서 중국어 성조는 무시되므로 각자 노래를 부르기 전에 정확한 발음으로 문장을 읽어 보게 하고, 노래를 부를 때에는 성조를 제외한 성모와 운모의 결합 발음에 주의하면서 부르도록 지도한다.

각자 좋아하는 색을 가사로 넣어 한 사람이 한 소절씩 돌아가며 노래를 불러 볼 수 있다. 이 때 다른 친구들은 친구의 노래를 잘 듣고 친구가 좋아하는 색깔의 사물을 찾아 들어 보이는 게임 형식으로 수업을 진행할 수도 있다. 만약 사물을 활용하기 어렵다면 색종이를 활용할 수도 있다.

교실에서 신체 활동을 진행할 수 있을 정도로 공간이 여유로운 환경이라면 색지를 활용한 색깔 연습도 가능하다. 이 때, 색지의 크기가 너무 작아서는 안 된다. 아래와 같이 게임을 진행한다.

① 교사는 색지를 준비하고 각 색지의 색깔에 해당하는 중국어 표현을 학생들과 함께 확인한다.

② 교실 곳곳에 색지를 놓아두고 게임을 시작한다.

③ 함께 부를 수 있는 노래를 부르다가 교사는 손뼉을 치며 동시에 색깔 표현을 큰 소리로 말한다.

④ 교사가 말한 색깔 표현에 해당하는 색지를 가장 먼저 집어 든 학생이 이기는 게임이다.

이 밖에도 친숙한 동요 멜로디에 다양한 색깔 표현을 넣어 함께 노래할 수 있다.

보충

중국인들의 색에 대한 인식

• **노란색:** 붉은색과 마찬가지로 중국인에게 사랑을 받는 색이다. 경사스러운 일이나 축하할 일이 생기면 중국인들은 보통 붉은 천에 황(금)색의 화려한 글씨로 멋지게 플래카드를 장식한다. 고대에는 노란색을 황제의 색상(황금색)이라고 여기기도 해서 황금색 부적이 행운과 재물을 가져다 준다는 믿음이 있었다. 하지만 노란색에 좋은 이미지만 있는 것은 아니다. 서구문물이 들어오면서 황색신문(yellow paper, 저속하고 선정적인 기사를 주로 다루는 신문)를 통해 불건전한 내용이 노란색과 함께 각인되었고, '야하다, 저속하다, 음탕하다'는 이미지도 갖게 된 것이다.

• **흰색과 검정색:** 중국 사람들은 예로부터 흰색과 검정색이 귀신을 불러들이는 색이라고 믿었다. 특히 검정색은 배신의 색이라고 여겼기 때문에 중국에서는 마음이 음흉한 사람을 표현하는 단어에 '黑'자가 많이 포함되어 있다. 또한 중국 사람들에게 흰색은 죽음을 의미하기 때문에 축의금을 흰 봉투에 넣어주면 안 된다.

이 밖에도 중국인들은 은(銀)색은 장수(長壽)를, 푸른색은 건강을 지켜준다는 인식이 있어서 좋아한다.

지도 tip

제1과의 주요 학습 내용은 '좋아하는 색깔을 묻고 답하기'이며 확장 연습을 통해 다양한 색깔 표현을 다루고 있다.

교사가 평소에 가지고 있는 그림 교구나 PPT 자료를 활용하여 학습자가 물체의 색깔을 인지하고 그에 상응하는 중국어 표현을 정확하게 연상할 수 있는지 연습할 수 있다. 예를 들어 다양한 옷의 사진이나 그림을 보여주면서 그 옷의 색깔을 중국어로 빠른 시간 내에 말해 보게 한다. 고학년의 경우는 우선 하나씩 물어 보다가 점점 난도를 높여 그림 두 장을 보여주고 두 번째 그림의 색깔 말하기 또는 그림 세 장을 보여주고 첫 번째 그림과 세 번째 그림에 등장하는 옷의 색깔 말하기 등으로 진행하며 집중력을 높일 수 있다.

옷 사진 대신 학생들이 좋아하는 동물이나 장난감 사진을 활용할 수도 있다. 수업시간에 사용할 시각 자료를 준비할 때 교사는 학습한 색깔 표현이 골고루 포함되어 있는지 세심하게 고려하여 선정한다. 교재 이외의 색깔이지만 학생들이 궁금해하는 색깔은 기본적인 색깔 표현을 정확하게 숙지하고 있는지 확인한 후 추가적으로 제시해 주는 것이 바람직하다.

마무리하기

1. 학습 내용 정리

① 학습한 표현을 우리말로 제시하고 이를 중국어로 말해 보게 한다.

② 다양한 색깔의 물건이나 사진을 제시하고 중국어로 색깔을 대답하게 한다.

2. 과제 부여

일상생활에서 보이는 색깔들을 중국어로 말해 보는 연습을 하게 한다. 혹은 자신의 집이나 방 안에 있는 물건들의 색깔을 알아 오게 한다.

2 一起做剪纸吧! 같이 종이공예 해 보자!

단원 소개 및 학습 내용

중국의 전통 종이 오리기 공예인 '지엔즈'에 대해 알아보고 이와 관련된 문화를 살펴본다. 사물의 소유를 묻고 답하는 표현과 상대방에게 어떤 행동을 함께할 것을 제안하는 표현을 연습한다.

단원 학습 목표

1. 혼동하기 쉬운 성모 zh, ch, sh, z, c, s를 포함한 발음을 정확하게 할 수 있다.
2. '谁'를 활용하여 사물의 소유를 묻고 답할 수 있다.
3. 상대방에게 제안하는 표현을 할 수 있다.

단원 지도 계획

차시	교재 범위	학습 단계	학습 내용
1	24~27쪽	문화	종이 한 장의 예술, 지엔즈
		발음	성모 zh, ch, sh, z, c, s와 운모 ai, i, uo
		새 단어	본문 새 단어 학습 쓰기 연습 (吧, 做)
2	28~29쪽	회화	사물의 소유 묻고 답하기 상대방에게 제안하기
3	30~31쪽	교체 연습	'谁'를 활용하여 다양한 사물의 소유 묻고 답하기 상대방에게 제안하기
		연습 문제	발음 및 본문 내용 관련 문제 풀기
4	32~33쪽	확장 연습	다양한 동작 표현 익히기
		활동	종이로 만드는 나의 걸작품

학습 목표

- 중국의 종이 오리기 공예인 '지엔즈'에 대해 이해한다.
- 성모 zh, ch, sh, z, c, s와 운모 ai, i, uo를 결합하여 발음할 수 있다.
- 새 단어의 발음과 뜻을 익히고, 획순에 맞게 쓸 수 있다.

수업 준비물

교재, 멀티 CD, 단어 카드

들어가기

1. 지난 시간 복습

① 과제를 확인한다.
② 주변에 보이는 색깔들을 중국어로 표현해 보면서 지난 차시에 배운 내용을 복습한다.
③ 지난 차시에 배운 노래에 자신이 좋아하는 색깔을 넣어서 친구와 불러 보게 한다.

2. 새로 배울 내용 소개

① 그림과 문화 내용을 살펴보면서 이번 단원에서 배울 내용이 무엇인지 유추해 보게 한다.
- ◆ 중국인들의 결혼식 풍경을 나타내는 그림 구석구석을 살펴보며 제1과에서 배운 것처럼 빨간색 장식이 많음을 설명한다. 또한 그림 곳곳에 있는 '쌍희'지를 확인하고, '기쁠 희(喜)'자가 두 번 겹쳐 있는 '쌍희'자의 의미를 알려 준다. '쌍희'자는 중국에서 결혼식 때 흔히 사용하는 글자로 기쁜 하루를 맞이한다는 뜻을 담고 있다.

② 새로운 내용을 학습하기에 앞서 가볍게 발음 연습을 하고, 본문 학습 이전에 새 단어를 익혀 보는 시간임을 알려 준다.

펼치기

- 문화 소개: 중국 전통 종이 오리기 공예, 지엔즈

① '지엔즈'와 관련된 다양한 사진 자료를 보여 준다.
② 본문의 문화 내용을 함께 읽어 본다.
③ 이번 과에서 배우는 내용과 연관이 있음을 언급하고 수업을 시작한다.

보충

종이 오리기 공예

중국 전통 장식 예술 중 하나인 '지엔즈(剪纸 jiǎnzhǐ)'는 2009년 유네스코 인류무형문화유산에 등재되었다. 가위로 종이를 자르고 오려서 다양한 무늬를 만드는 '지엔즈'는 12띠 동물, 소년, 박쥐, 수탉과 염소 등 상서로운 의미를 가진 대상을 주제로 한 작품이 많다. 중국어에는 같은 발음을 가진 다른 단어들이 많이 있는데 이러한 '동음이의자(同音异义字)' 특징을 충분히 살려 예술품의 소재로 많이 사용하였다. 예를 들어 연꽃 위에 소년이 앉아 있는 것은 연꽃을 나타내는 '莲 lián'의 발음이 '연속하다'라는 의미의 '连 lián'과 같아서 '소년 다음에 다른 아이가 태어나다'라는 의미를 나타낸다. 또 '박쥐(蝙蝠 biānfú)' 무늬는 '도처(遍地 biàndì)에 복(福 fú)이 있기를 기원하는 마음을 담고 있다.
지역에 따라서도 그 형태나 특징이 다르지만 사용 목적에 따라서도 다양한 특성을 드러내는 '지엔즈'는 실내 장식의 용도뿐 아니라 행사나 제의(祭儀) 등을 위한 목적으로도 사용된다. 최근 들어 점차 현대화된 기술을 적용하고 있는데, 단색의 '지엔즈'뿐만 아니라 염색을 하거나 채색을 하는 '지엔즈' 등 그 형태와 소재가 다양해지고 있다. 중국 전역에 걸쳐 다양한 민족이 즐기는 전통 공예 '지엔즈'는 일부 특권계층에 의한 예술이 아닌 대중예술로 예나 지금이나 꾸준히 많은 사람들의 사랑을 받고 있다.

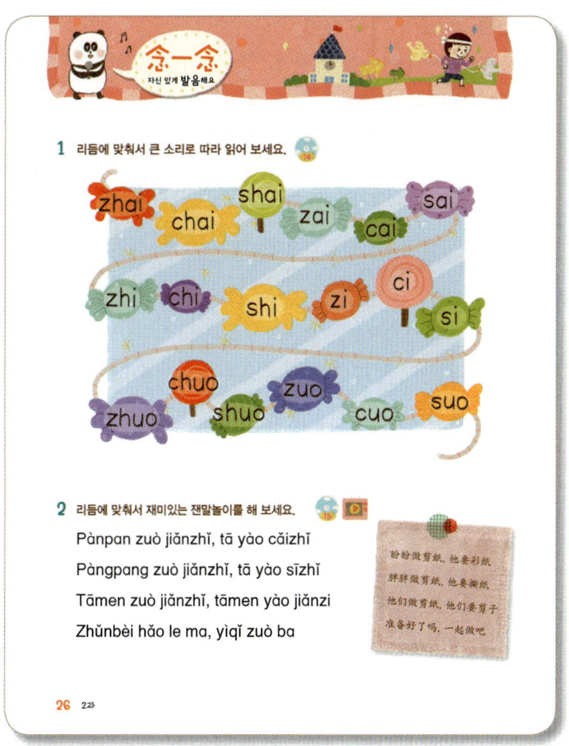
念一念 자신 있게 발음해요

1 리듬에 맞춰서 큰 소리로 따라 읽어 보세요.

2 리듬에 맞춰서 재미있는 잰말놀이를 해 보세요.

Pànpan zuò jiǎnzhǐ, tā yào cǎizhǐ
Pàngpang zuò jiǎnzhǐ, tā yào sīzhǐ
Tāmen zuò jiǎnzhǐ, tāmen yào jiǎnzi
Zhǔnbèi hǎo le ma, yìqǐ zuò ba

26

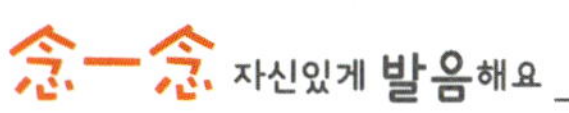 

念一念 자신있게 발음해요

1. 발음 연습

① 녹음을 들려 주고 따라 읽게 한다.

② 쉽게 틀리는 발음이 무엇인지 파악하고 교정해 준다.

- 혼동하기 쉬운 성모 'zh', 'ch', 'sh'와 'z', 'c', 's', 그리고 운모 'ai', 'i', 'uo'를 결합한 발음 연습이다.

지도 tip

'zh', 'ch', 'sh' 등의 권설음을 학생들이 자주 실수하는 이유는 우리나라에 없는 생소한 발음이기 때문이다. 권설음은 혀끝을 입천장 끝으로 말아 올려 그 사이로 공기를 내보내면서 내는 소리이다. 권설음에 너무 신경을 쓴 나머지 발음할 때 혀를 지나치게 말도록 잘못 지도하는 경우도 있으므로 주의한다.

발음 훈련은 발음하는 부위가 어디인지를 직접 느끼게 해주는 것에서 시작한다. 설치음과 권설음의 순서로 연습을 하면서 혀의 위치가 점점 뒤로 이동하는 것을 느낄 수 있도록 z→zh, c→ch, s→sh로 진행하는 것도 한 방법이다. 'zh', 'ch', 'sh'를 발음할 때는 혀끝이 보이지 않지만 'z', 'c', 's'를 발음할 때는 혀끝이 보이는 차이점을 찾을 수 있다. 'zh', 'ch', 'sh'와 'z', 'c', 's'는 혀의 위치가 정확하지 않아서 잘못된 방법으로 발음을 하는 경우도 있으므로, 위와 같은 방법은 학생들이 직접 눈으로 혀의 위치를 확인하고 발음을 교정하는 데 도움을 줄 수 있다. 거울을 보면서 'zh', 'ch', 'sh'와 'z', 'c', 's'를 연습해 보게 한다.

'zh', 'ch', 'sh'와 'z', 'c', 's'는 다음과 같은 단어들로 각 발음을 연습해 볼 수 있다. 발음 부위의 차이를 비교하기 위해 'j', 'q', 'x'와 함께 연결하여 연습하기도 한다.

예 zǎo(早) - zhǎo(找) - jiǎo(脚)
cǐ(此) - chǐ(尺) - qǐ(起)
sēn(森) - shēn(身) - xīn(新)
zìsī(自私) - zhīshi(知识)

'zh', 'ch', 'sh'와 'z', 'c', 's' 뒤에 'i'가 오면 원래의 '이' 발음이 아니라 '으'로 발음함을 다시 한 번 짚어 준다.

③ 우리말에 없는 발음 또는 영어와 표기는 같지만 발음이 다른 경우는 특히 주의하여 집중적으로 연습할 수 있도록 한다.

지도 tip

발음 지도 시 '整体认知法(The overall cognitive method)'을 활용할 수 있는데, '整体认知法'은 '덩어리 지도법', '총체적 지도법' 정도로 의역할 수 있다. 이는 파닉스(Phonics)를 활용한 발음 학습이 아니라, 영어 단어로 발음을 인지하는 통문자 학습법과 비슷하다. 즉, 학생들이 혼동하기 쉬운 발음을 하나씩 구분하여 지도하는 것이 아니라 성모와 운모가 합해진 발음을 읽으면서 하나의 덩어리로 익힐 수 있도록 지도하는 방법을 의미한다.

'i'는 어떤 성모와 결합하는지에 따라 그 발음이 달라진다. 'j', 'q', 'x' 뒤에 'i'가 오면 '이'로 발음하지만, 'zh', 'ch', 'sh'와 'z', 'c', 's' 뒤에 'i'가 오면 '으'로 발음한다. 불규칙한 발음에 대해 설명하기보다는 'zhi chi shi (ri) zi ci si'를 통째로 연습한다. 이러한 '整体认知法'은 저학년의 한어병음 연습에 더욱 적합하다.

2. 잰말놀이

본 과의 잰말놀이는 혼동하기 쉬운 중국어 발음 중 'zh', 'ch', 'sh', 'z', 'c', 's'를 집중적으로 연습하기 위한 것이다. 잰말놀이를 연습하는 과정에서 단어의 학습이 자연스럽게 진행될 수는 있지만, 교사가 의도적으로 단어 및 문형 학습에 비중을 두지 않도록 한다. 학생들이 중국어 발음을 정확하고 자연스럽게 연습하면서 어감을 느낄 수 있도록 지도한다.

① 리듬에 맞춰 가볍게 따라 읽게 한다.

② 부정확하거나 쉽게 틀리는 발음이 무엇인지 파악하고 교정해 준다.

③ 연습 정도에 따라 속도를 조절하여 능숙하게 발음할 수 있도록 지도한다.

보충

报纸与刨子 bàozhǐ yǔ bàozi

报纸是报纸，刨子是刨子。
Bàozhǐ shì bàozhǐ, bàozi shì bàozi.
신문은 신문이고, 대패는 대패랍니다.

报纸能包包子，不能包桌子。
Bàozhǐ néng bāo bāozi, bù néng bāo zhuōzi.
신문은 찐빵을 포장할 수 있지만, 책상은 포장할 수 없어요.

刨子能刨桌子，不能刨报纸。
Bàozi néng bào zhuōzi, bù néng bào bàozhǐ.
대패는 책상을 대패질 할 수 있지만, 신문을 대패질 할 수 없어요.

学生词 새 단어를 배워봐요

1 새 단어를 큰 소리로 따라 읽어 보세요.

一起……吧 yìqǐ……ba 같이 ~(하)자
做 zuò 하다, 만들다
剪纸 jiǎnzhǐ 중국 전통 종이 오리기 공예
剪刀 jiǎndāo(=剪子 jiǎnzi) 가위
彩纸 cǎizhǐ 색지, 색종이
那 nà 그러면
我们 wǒmen 우리(들)

2 획순에 주의하여 올바르게 한자를 써 보세요.

吧 ba ~(하)자

做 zuò 하다, 만들다

一起做剪纸吧! 27

学生词 새 단어를 배워봐요

1. 어휘 학습

① 녹음을 듣고 큰 소리로 따라 읽게 한다.

② 단어의 의미와 주의해야 할 발음을 설명한다.

一起……吧 yìqǐ……ba 같이~(하)자

做 zuò 하다, 만들다

剪纸 jiǎnzhǐ 중국 전통 종이 오리기 공예

剪刀 jiǎndāo 가위 (= 剪子 jiǎnzi)
'剪子 jiǎnzi'로 발음할 경우 '剪纸 jiǎnzhǐ'와 혼동하지 않도록 발음에 유의하여 지도한다. 한자에 익숙한 친구들이 '剪刀'에 '칼 도(刀)' 자가 들어가 있어 '칼'이라고 혼동한다면 '剪'의 의미를 좀 더 강조하여 오리는 칼날, 즉 '가위'임을 알려 준다.

彩纸 cǎizhǐ 색지, 색종이

那 nà 그러면
말하는 사람에게서 멀리 있는 사물을 가리킬 때의 '那'를 배운 학습자의 경우에는 '그', '저'라는 뜻을 간단히 복습한 후, '那'의 또 다른 의미를 알려 준다.

我们 wǒmen 우리(들)

지도 tip

전체적으로 'zh'와 'z' 발음이 많이 포함되어 있으므로, 학생들이 적당한 속도로, 정확하게 발음할 수 있도록 지도한다.

③ 녹음을 다시 듣고 따라 읽게 한다.

2. 쓰기 연습

① 교사는 제시된 단어를 칠판에 쓰면서 획순을 알려 준다.

② 획순에 주의하여 학생 스스로 써 보도록 한다.

③ 학생들이 잘못 쓰는 글자를 다시 한 번 짚어 준다.

④ 학생이 칠판 앞으로 나와서 교사가 지정해 준 한자를 필순에 맞게 써 보고 발음해 보도록 한다.

吧 부수 口 총 7획

- 왼쪽에서 오른쪽으로 쓴다.
- 마지막 획의 끝 부분은 갈고리처럼 살짝 올려 쓰도록 한다.

做 부수 亻 총 11획

- 왼쪽에서 오른쪽으로 쓴다.
- '亻'과 '故'가 합해진 글자이고, '故'는 다시 '古'와 '攵'으로 이루어진 글자이므로 좌우를 3분할 하여 균형잡힌 글자가 되도록 한다.

지도 tip

한자는 구조상 더는 세분화 되지 않는 독체자(山, 上, 木, 手 등)와 두 개 혹은 그 이상의 글자가 함께 어우러진 합체자(的, 晶, 江, 明 등)로 나눌 수 있다. 현대 한자의 대부분은 합체자이고, 독체자는 3~5%에 불과하다. 따라서 한자를 복잡하고 어렵게 느끼는 어린 학생들을 지도할 때는 합체자를 세분화하여 간단한 한자들이 합쳐져서 한 글자가 되었음을 이해할 수 있도록 돕는다.
하단의 참고 사이트를 활용해 한자가 지루하고 재미 없는 것이 아니라 재미있고 즐거운 것임을 알려줄 수 있다.

참고 사이트

http://www.4399.com/flash/28939.htm
→ 日, 月, 火, 木, 金 등의 기본적인 한자를 사용한 게임을 할 수 있다.

http://www.4399.com/flash/119510.htm
→ 爱, 福, 智, 力, 协 등의 한자를 사용한 게임을 할 수 있다.

마무리하기

1. 학습 내용 정리

수업 내용에 관한 질문을 통해 학생들의 이해도를 점검한다. 학생들이 특히 어려워하는 부분이 어디인지 확인하고, 다시 한 번 짚고 넘어간다.

2. 과제 부여

① 본서 26쪽의 '발음 연습'과 '잰말놀이'를 큰 소리로 읽는 연습을 해 오도록 한다.

② 학습한 단어의 뜻과 한어병음이 익숙해질 수 있도록 멀티 CD(TRACK 16)를 반복해서 듣고 오게 한다.

학습 목표

- '谁'를 활용하여 사물의 소유를 묻고 답할 수 있다.
- 제안하는 표현을 할 수 있다.

수업 준비물

교재, 멀티 CD

들어가기

1. 지난 시간 복습

① 과제를 확인한다.

② 그림 자료나 PPT 등의 시각 자료를 활용하여 지난 차시에 다룬 문화 관련 내용을 확인한다.

2. 새로 배울 내용 소개

① 학습 목표를 소개한다.

② 본문의 그림을 보고 어떤 상황인지 유추해 보도록 한다.

펼치기

一起说 친구들과 대화해요

1. 단어 확인하기

① 단어 카드를 활용하여 지난 시간에 학습한 단어를 읽어 보게 한다. 멀티 CD의 단어 플래시를 활용하여 단어를 복습할 수도 있다.

② 교사가 중국어로 단어를 제시하면 학생들은 우리말로 그 단어의 뜻을 말한다.

③ 학생들이 단어의 뜻을 정확하게 이해했다면, 교사는 학생들에게 우리말로 단어를 제시하고 중국어로 대답해 보게 한다.

2. 녹음 듣고 문장 연습하기

① 녹음을 들려 주고 따라 읽게 한다.

② 문장 단위로 따라 읽게 하고 해석한다.

본문 해석

丽丽	谁有剪刀和彩纸? 가위와 색종이 있는 사람? (누가 가위와 색종이 가지고 있니?)
东海	我有彩纸! 나는 색종이가 있어!
大卫	我有剪刀。 나는 가위가 있어.
丽丽	那我们一起做剪纸吧! 그럼 우리 같이 종이공예 해 보자!

③ 교재의 문장을 정확한 발음으로 읽어 보도록 한다.

④ 두 사람씩 짝을 지어 대화문을 연습해 보게 한다. 역할을 바꾸어 가면서 연습하도록 지도하여 반복적인 연습이 지루해지지 않도록 주의한다.

⑤ 간체자만 보고 본문을 읽는 연습을 한다.

지도 tip
이미 학습한 물건명칭을 활용하여 소유 여부 및 소유자를 물어볼 수 있으나, 컴퓨터나 휴대전화 등 가격대가 비교적 높은 물건을 예로 들어 연습할 경우 대답을 꺼리는 학생들이 있을 수 있으므로 주의한다. 특히 사춘기에 접어들어 민감한 학생들이 사소한 부분에서 상처받지 않도록 교사는 다양한 상황을 고려하며 수업을 준비한다. 교사는 물건의 명칭이 쓰여 있거나 그림이 그려진 종이를 준비하고 골고루 나눠준 후 함께 묻고 답하는 활동을 통해 심리적으로 위축감을 느끼거나 소외감을 느끼는 학생이 없도록 배려하는 것이 좋다.

3. 문장 듣고 해석하기

교사가 읽어 주는 내용을 듣고 우리말로 해석하게 한다.

4. 해석 듣고 중국어 문장으로 말하기

① 실제 대화하는 것처럼 자연스럽게 말하도록 지도한다.
② 짝과 함께 회화 내용을 연습하고, 역할을 바꾸어 반복 연습하도록 지도한다.

▶ 문장 발화 능력이 있는 학생들을 대상으로 중국어 문장을 이어 말하는 게임을 할 수 있다. 난이도는 다양하게 조절할 수 있는데, 예를 들어 동그랗게 모여 앉아서 시계방향 또는 시계 반대방향으로 돌아가며 문장을 늘려가며 말한다.

A: 我有剪刀。
B: A有剪刀，我有铅笔。
C: A有剪刀，B有铅笔，我有彩纸。
D: A有剪刀，B有铅笔，C有彩纸，我有雨伞。

위와 같은 방법으로 누가 무엇을 가지고 있는지를 문장으로 말하는 연습을 한 후, 교사가 '谁有彩纸？' 혹은 '谁有雨伞？'이라고 질문하면 학생들은 'C有彩纸。' 혹은 'D有雨伞。'과 같은 완전한 문장으로 대답하게 한다. 문장으로 연습하는 것을 어려워하는 학생들은 아래의 예와 같이 문장이 아닌 단어 말하기로 연습을 진행할 수 있다.

A: 剪刀
B: 剪刀 – 铅笔
C: 剪刀 – 铅笔 – 彩纸
D: 剪刀 – 铅笔 – 彩纸 – 雨伞

그림 카드에 학생들의 사진이나 이름을 붙여 두고 연습할 수도 있는데, 이 경우 아래와 같이 두 가지 문형의 연습이 가능하다.

(1) 谁有+물건명칭?

① 교사가 카드를 보여 주며 "谁有+물건명칭?"이라고 묻는다.
② 학생들은 카드에 있는 친구의 사진 또는 이름을 보고 "친구이름+有+물건명칭。"의 문장 형식으로 대답한다.
③ 어느 정도 익숙해지면 카드에 붙인 학생의 사진 또는 이름을 바꿔 붙이고, 한 학생이 질문하면 나머지 학생들이 대답하는 형식으로 연습한다. 이렇게 교사–학생의 활동이 학생–학생의 활동으로 바뀌면 교사는 학생들 간의 상호작용이 원활하게 이루어지고 있는지 확인하고 적절한 교정과 도움을 제공해야 한다.

(2) 这是谁的+물건명칭?

진행방식은 문형 (1)을 연습할 때와 비슷하다.
① 교사가 카드를 보여 주며 "这是谁的+물건명칭?"이라고 묻는다.
② 학생들은 카드에 있는 친구의 사진 또는 이름을 보고 "这是+친구이름+的+물건명칭。"의 문장 형식으로 대답한다.
③ 어느 정도 익숙해지면 카드에 붙인 학생의 사진 또는 이름을 바꿔 붙이고, 한 학생이 질문하면 나머지 학생들이 대답하는 형식으로 연습한다.
④ 교사가 가까운 곳과 먼 곳의 구분을 두어 학생들이 그 상황에 맞게 '这'와 '那'를 활용한 문장으로 대답해 보도록 유도한다.

마무리하기

1. 학습 내용 정리

학습 내용을 다시 한 번 확인한다. 멀티 CD 회화 애니메이션의 자막을 변경해 가며 회화 내용을 확실히 익혔는지 확인해 볼 수 있다.

2. 과제 부여

① 본문을 세 번씩 큰 소리로 읽어오게 한다.
② 이번 차시에 학습한 문장을 암기하고, 자신이 실제로 가지고 있는 물건명칭을 활용하여 말하기 연습을 해 보도록 한다.

3차시 30~31쪽

学一学 차근차근 익혀봐요

어떤 사물을 누가 가지고 있는지 물어볼 때에는 '谁有+사물?'의 표현을 사용합니다.

谁有剪刀?
Shéi yǒu jiǎndāo?
가위 있는 사람?(누가 가위 가지고 있니?)

彩笔 cǎibǐ 색연필　词典 cídiǎn 사전　雨伞 yǔsǎn 우산

* '谁'가 있으면 문장 끝에 '吗'를 사용하지 않아요.

'吧'는 '~(하)자'는 뜻으로, '함께, 같이'라는 뜻의 '一起'와 사용하면 '함께~(하)자'는 표현이 됩니다.

我们一起做吧。
Wǒmen yìqǐ zuò ba.
우리 같이 만들자.

玩儿 wánr 놀다　走 zǒu 걷다, 걸어가다

30 2과

학습 목표

· '谁'를 활용하여 소유를 묻고 답할 수 있다.
· '吧'를 활용하여 제안하는 표현을 할 수 있다.

수업 준비물

교재, 음성 자료

들어가기

1. 지난 시간 복습
① 과제를 확인한다.
② 지난 차시 학습내용을 확인한다.
교실에 있는 물건이나 학습했던 사물 표현을 활용하여 누구에게 어떤 물건이 있는지 문답식으로 확인하거나, 상황에 맞는 그림 또는 PPT 자료를 준비하여 확인한다.

2. 새로 배울 내용 소개
① 학습 목표를 소개한다.
② 주제와 관련된 내용을 소개한다.

펼치기

学一学 차근차근 익혀봐요

1. '谁'를 활용하여 물건의 소유 묻고 답하기
① 녹음을 듣고 정확한 발음으로 따라 읽도록 지도한다.
② 새 단어의 의미를 확인하고 문장으로 연습해 본다.
③ 제시된 문장을 교사와 학생이 번갈아 읽어 본다.

> 谁有剪刀? 가위 있는 사람?(누가 가위 가지고 있니?)
>
> 밑줄 친 부분을 바꿔서 말해봐요!
> 谁有彩笔? 색연필 있는 사람?(누가 색연필 가지고 있니?)
> 谁有词典? 사전 있는 사람?(누가 사전 가지고 있니?)
> 谁有雨伞? 우산 있는 사람?(누가 우산 가지고 있니?)

2. '吧'를 활용하여 제안하는 표현하기
① 녹음을 듣고 정확한 발음으로 따라 읽도록 지도한다.
② 새 단어의 의미를 확인하고 문장으로 연습해 본다.
③ 제시된 문장을 교사와 학생이 번갈아 읽어 본다.

> 我们一起做吧。 우리 같이 만들자.
>
> 밑줄 친 부분을 바꿔서 말해봐요!
> 我们一起玩儿吧。 우리 같이 놀자.
> 我们一起走吧。 우리 같이 가자.

보충

'玩'과 '玩儿'

'얼화(儿化)'는 운모의 뒷부분에서 혀를 마는 동작이 일어나 권설음화 되는 현상을 말한다. 이때 권설화가 된 운모를 '얼화음'이라고 한다. '儿'은 독립적인 음절이나 음소가 아니고 단지 어떤 부호적인 의미를 가지며, 발음을 표시할 때는 앞 음절 뒤에 'r'만 써 주면 된다. 따라서, '玩儿'의 한어병음 'wán'ér'이 아닌 'wánr'로 표기한다. 얼화의 작용은 크게 세 가지로 정리할 수 있다.

1. 단어의 의미를 구분한다.
예 门 mén 문, 출입구 – 门儿 ménr 방법, 요령
头 tóu 머리, 머리카락 – 头儿 tóur 우두머리

2. 단어의 품사를 구분한다. 어떤 동사나 형용사는 '얼화'가 일어난 후에 명사가 된다.
예 画 huà (그림을) 그리다 – 画儿 huàr 그림
尖 jiān 날카롭다, 뾰족하다 – 尖儿 jiānr 뾰족한 끝

3. 작고 귀여운 느낌을 나타낸다.
예 小猫儿 xiǎomāor 고양이[애정이 담긴 말투로 사람을 일컫기도 함]
小孩儿 xiǎoháir 아이, 꼬마

练一练 재미있게 연습해요

1 잘 듣고 녹음과 발음이 일치하면 ○표, 일치하지 않으면 ×표를 해 보세요.

(1) xiànzhài (2) bǐsài

(3) shīzi (4) suō huà

2 잘 듣고 녹음과 일치되게 한어병음을 빈칸에 써 보세요.

(1) ____uò (2) cǎi____ (3) ____zi

3 말풍선 안의 내용과 일치하도록 스티커를 알맞게 붙여 보세요. [129쪽 스티커 활용]

我有剪刀。
Wǒ yǒu jiǎndāo.

我有彩笔和彩纸。
Wǒ yǒu cǎibǐ hé cǎizhǐ.

一起做剪纸吧! 31

练一练 재미있게 연습해요

1. 녹음과 발음이 일치하는지 판단하기

① 녹음을 들려준 후, 문제를 풀게 한다.
② 정답을 확인하고, 문제 풀이를 한다.
③ 녹음을 다시 한 번 듣고 따라 읽게 한다.

녹음대본

(1) xiànzài 现在 현재	(2) bǐsài 比赛 경기, 시합
(3) shīzi 狮子 사자	(4) shuōhuà 说话 말하다

[정답] (1) × (2) ○ (3) ○ (4) ×

◆ 혼동하기 쉬운 성모 'zh', 'ch', 'sh', 'z', 'c', 's'를 정확하게 구분할 수 있는지를 점검하기 위한 문제이다. 학생들이 발음하기 어려워하거나, 혼동하는 발음을 중점적으로 지도한다.

2. 녹음과 일치하는 한어병음 쓰기

① 녹음을 들려준 후, 문제를 풀게 한다.
② 정답을 확인하고, 문제 풀이를 한다.
③ 녹음을 다시 한 번 듣고 따라 읽게 한다.

녹음대본

(1) zuò 做 하다, 만들다
(2) cǎizhǐ 彩纸 색지, 색종이
(3) jiǎnzi 剪子 가위

[정답] (1) zuò (2) cǎizhǐ (3) jiǎnzi

3. 말풍선 내용과 일치하는 스티커 붙이기

① 말풍선 안의 문장을 읽어 보게 한다.
② 무슨 뜻인지 말해 보고, 스티커를 붙여 보게 한다.
③ 바르게 붙였는지 확인하며 큰 소리로 읽어 보게 한다.

[정답]

교재의 연습문제를 학습한 후, 워크북 문제를 함께 풀어 볼 수 있다. 워크북을 푸는 과정을 통해 학생들에게는 학습한 내용을 한 번 더 확인하는 기회를 제공하고, 교사는 학생들의 이해 정도를 파악하여 필요한 지도를 보충하거나 다음 수업의 난이도를 조정할 수 있다. 워크북의 모든 문제를 풀어 볼 수도 있지만, 필요에 따라 교사가 취사선택하여 풀어 볼 수도 있다.

마무리하기

1. 학습 내용 정리

① 学一学에서 학습한 내용을 정확히 이해했는지 확인한다.
② 연습문제에서 학생들이 자주 오류를 범하는 내용에 대해 다시 한 번 정리한다.

2. 과제 부여

이번 시간에 학습한 내용을 자연스럽게 표현할 수 있도록 연습해 오게 한다.

4차시 32~33쪽

펼치기

高一高 실력을 쑥쑥 키워요

• 우리 같이 하자!

① 그림을 보고 친구들이 무엇을 하고 있는지 유추하여 빈칸에 단어의 뜻을 적어 보게 한다.

② 동작 표현을 하나씩 학습한다.

③ 학습한 동작 표현이 익숙해지도록 제시된 문장을 활용하여 반복해서 말하거나, 표현에 해당하는 동작을 직접 몸으로 흉내 내며 단어를 확실히 기억할 수 있도록 한다.

◆ 다양한 동사를 활용한 대체 연습을 통해 "我们一起……吧。"의 단순한 문형을 확실히 익히는 동시에 단어의 확장을 도모한다. 이미지로 전달되는 정보에 대한 기억이 문자로 전달되는 정보에 대한 기억보다 더 효과적이므로 학생들이 교재의 그림에 충분히 익숙해질 수 있도록 지도한다.

④ 네 박자 게임(아이 엠 그라운드)을 활용해 연습하면서 활기찬 교실 분위기를 조성할 수 있다.

◆『신나는 어린이 중국어 ②』의 53쪽 게임방법과 유사하지만 발음 대신 동작으로만 표현을 하거나, 동작을 표현하는 동시에 발음을 하는 방법으로 게임을 진행할 수 있다.

학습 목표

• '一起……吧'를 활용하여 제안하는 표현을 할 수 있다.

• 종이공예를 직접 해 보면서 중국의 전통 공예인 '지엔즈'를 이해한다.

수업 준비물

교재, 가위

들어가기

1. 지난 시간 복습

① 과제를 확인한다.

② 学一学에서 다룬 표현을 함께 읽어 보거나 간단한 질문을 통해 복습한다.

2. 새로 배울 내용 소개

① 학습 목표를 소개한다.

② 주제와 관련된 내용을 소개한다.

교실 안에서 친구들과 함께할 수 있는 동작들에는 어떤 것들이 있는지 한국어로 말해 보게 한다. 청소 시간 또는 환경미화 시간으로 상황을 구체화할 수 있다.

지도 tip

동작을 활용한 'TPR(Total Physical Response, 전신반응교수법)'은 어린이를 지도하는 교사가 즐겨 사용하는 방법으로, 움직이기 좋아하고 호기심이 많은 어린이들의 본성과 잘 어울리는 교수법 중의 하나라고 말할 수 있다. 원래 'TPR'은 "문을 닫으세요.", "물을 주세요." 등과 같은 문장 단위의 학습을 위한 영어 교수 방법인데, 특히 동작과 관련된 동사를 학습하는 경우에는 어휘 학습에서도 일정 정도 효과가 있다는 연구 결과가 있다. 기억을 잘 하기 위한 여러 방법을 시도했을 때 말하기와 동시에 몸으로 직접 동작을 해 보는 경우에 그 효과가 가장 크다고 한다. 만약 동작이 학습 내용과 밀접한 연관이 있으면 그 때의 학습 효과는 더 높아질 것이다. 학습 내용과 관련된 특정 동작은 교사가 일방적으로 지도하기보다는 학생들과 함께 생각하고 결정하여 연습을 진행한다. 이러한 방식은 학생들의 수업 참여도를 높이고 적극적인 학습 자세를 배양할 수 있다. 또한 학생들의 수업에 대한 만족감과 자기 성취감을 높이는 긍정적인 결과를 도출할 수 있다.

보충

동작 표현

추가 학습의 목적이 아니더라도 교사가 특정 단어를 말하는 동시에 동작을 함께 보여 주고 학생들이 단어의 뜻을 맞춰 보게 하는 퀴즈를 통해 수업의 즐거움을 더할 수 있다.

예 闻 wén 냄새를 맡다 | 唱 chàng 노래하다 | 读 dú 낭독하다 | 哭 kū (소리 내) 울다 | 来 lái 오다 | 跑 pǎo 달리다, 뛰다 | 爬 pá 기다, 기어가다 | 跳 tiào 깡충 뛰다, 도약하다 | 笑 xiào 웃다 | 写 xiě 글씨를 쓰다

玩一玩 신나게 놀아 봐요

종이로 만드는 나의 걸작품

순서대로 종이를 접고 모양을 따라 가위로 오려 주세요. 멋진 종이공예가 완성됩니다. 완성된 작품은 실을 이용하여 천장에 매달아 장식할 수도 있습니다. 손이 다치지 않게 조심하면서 정성껏 만들어 보세요. [103쪽 활동 자료 활용]

* 빗금 친 부분을 오려 주세요.

玩一玩 신나게 놀아 봐요

• **종이로 만드는 나의 걸작품**

본 과에서 학습한 중국의 종이공예 '지엔즈'를 직접 만들어 보는 기회를 통해 중국의 종이공예 문화에 대해 이해한다.

칼이나 가위를 준비하여 103쪽의 활동 자료를 직접 오려 '지엔즈'를 만든다.

▶ 중국의 종이공예 더 알아보기

중국의 종이공예는 '剪纸 jiǎnzhǐ', '折纸 zhézhǐ', '撕纸 sīzhǐ' 등 그 종류가 다양하다. 종이공예의 명칭에는 종이를 어떻게 조작하는지 고스란히 드러나 있어서 명칭만으로도 공예의 제작 방법을 짐작할 수 있다.

'剪纸 jiǎnzhǐ'는 본 단원 1차시에서 이미 소개한 대로 2009년 유네스코 인류무형문화유산에 등재될 정도로 중국을 대표하는 전통 종이공예 중 하나로, 가위로 종이를 자르고 오려서 다양한 무늬를 만드는 종이공예이다.

'折纸 zhézhǐ'는 우리나라의 종이 접기와 유사하다. '折纸'는 종이를 접어서 다양한 형태로 완성하는 예술 활동으로 중국에서 생겨났지만 일본에서 더욱 발전하였고, 유럽에도 독자적인 스타일의 종이접기 예술이 존재한다. '折纸'는 심신에 유익하고 지능개발과 사고력에 도움을 주는 창의적인 활동으로, 단순히 아이들의 놀이라고만 한정 지어 생각하면 오산이다.

'撕纸 sīzhǐ'는 '剪纸'와 비슷하지만 평면에서 꽃무늬나 문자를 투조(透彫)하는 종이예술이다. '撕纸'를 하는 전문가의 수가 극히 적고 작품의 수준도 대부분 비교적 낮아서 독립된 예술의 한 분야로의 발전하는 것이 더딘 상황이다. 작품을 만드는 데 소요되는 시간이 오래 걸린다는 점이 '撕纸' 공예의 발전을 가로막는 걸림돌로 작용한다. 또한 아무런 도구를 사용하지 않고 자신의 손만을 가지고 만드는 '撕纸'는 만드는 과정에서 손이 쉽게 붓고 피가 맺히기 때문에 '撕纸'를 정말 사랑하는 예술기만이 그 고통을 참이 낼 수 있다고 한다. 조금만 잘못하면 종이가 끊어져서 처음부터 다시 만들어야 한다는 점도 '撕纸' 작품의 수가 많지 않고 완성된 작품이 일정 수준에 머무르게 되는 이유라고 볼 수 있다.

교재에서는 가장 널리 알려진 '剪纸 jiǎnzhǐ' 활동을 소개하고 있지만 학생들의 수준에 맞게 융통성을 발휘하여 다양한 종이공예에 대해 설명할 수도 있다. 표현의 편의를 위해 중국 전통의 종이공예라고만 언급하는 경우가 대부분이지만, 학생들이 '종이공예=剪纸'라고 받아들이지 않고 '剪纸'는 다양한 종이공예 중 하나임을 이해하도록 한다.

단순히 종이공예의 종류를 설명만 하기보다는 수업현장에서 실제로 '剪纸'를 만들어 보는 활동을 준비하는 것이 좋다. 가위로 간단히 잘라 보고(剪纸), 접어 보고(折纸), 찢어 보기도 하면서(撕纸) 종이공예 종류의 다양함을 몸소 경험하는 기회를 마련해 주는 것만으로도 충분히 의미가 있다.

지도 tip

'剪纸'를 할 때 가위를 사용하므로 안전사고에 대비하여 다치는 학생이 없도록 충분히 주의시킨다. 활동을 시작하기에 앞서 해당 활동에 대해 명확하게 설명하고 학생들이 모두 이해했는지를 확인한 후 '剪纸'를 시작한다. 반드시 기억하거나 주의해야 할 사항은 교실 칠판에 적어두거나 PPT문서에 간단하게 작성하여 교실에 비치된 멀티미디어를 활용하여 학생들이 참고할 수 있도록 제시한다. 소근육 조작 능력이 학년 및 연령에 따라 다르므로 어린 학습자들에게 전문가 수준의 완성도 높은 작품을 요구할 필요는 없다. 중국어 수업의 활동 시간에 완성한 작품들은 한데 모았다가 방과후학교 공개수업이나 전시회 등에 게시자료로 활용할 수도 있다.

마무리하기

1. 학습 내용 정리

① 학습한 표현을 우리말로 제시하고 이를 중국어로 말해 보게 한다.

② 학습한 다양한 동작 표현을 실제로 동작을 취해 보며 큰 소리로 말해 보게 한다.

2. 과제 부여

직접 '지엔즈'를 만들고 집이나 방에 예쁘게 장식해 보는 과제를 내줄 수도 있다.

3 现在几点? 지금 몇 시야?

단원 소개 및 학습 내용

우리나라와 중국의 학교생활을 비교해 보고 하루를 일찍 시작하고 건강을 중요시하는 중국인의 생활습관을 살펴본다. 숫자를 활용하여 시간을 묻고 답하는 표현을 익힌다. 또한 숫자 2의 또 다른 표현을 학습한다.

단원 학습 목표

1. 혼동하기 쉬운 운모 ai, ia, ao, iao를 포함한 발음을 정확하게 할 수 있다.
2. 시간을 묻고 답할 수 있다.
3. 숫자 2의 다른 표현인 '两'을 활용하여 표현할 수 있다.

단원 지도 계획

차시	교재 범위	학습 단계	학습 내용
1	34~37쪽	문화	건강을 위한 10분 투자
		발음	운모 ai, ia, ao, iao 연습
		새 단어	본문 새 단어 학습 쓰기 연습 (现在, 两)
2	38~39쪽	회화	시간 묻고 답하기 약속 시간 정하기
3	40~41쪽	교체 연습	다양한 시간 표현 묻고 답하기 '两'을 활용한 표현 연습
		연습 문제	발음 및 본문 내용 관련 문제 풀기
4	42~43쪽	확장 연습	다양한 시간 표현
		활동	노래로 배워요: 같이 학교 가자!

학습 목표

- 하루를 일찍 시작하고 건강을 중요시하는 중국인들의 생활습관을 이해한다.
- 운모 ai, ia, ao, iao와 성모를 결합하여 발음할 수 있다.
- 새 단어의 발음과 뜻을 익히고, 획순에 맞게 쓸 수 있다.

수업 준비물

교재, 멀티 CD, 단어 카드

들어가기

1. 지난 시간 복습

① 과제를 확인한다.

② 한 학생이 지난 시간에 학습한 동작 표현을 행동으로 나타내면, 나머지 학생들은 이를 중국어로 표현해 보게 하며 지난 차시에 배운 내용을 학습한다.

2. 새로 배울 내용 소개

① 그림과 문화 내용을 살펴보면서 이번 단원에서 배울 내용이 무엇인지 유추해 보게 한다.

◆ 교실 안 학생들이 모두 눈을 마사지하는 모습을 보며 건강에 관심 많은 중국 사람들의 생활습관을 유추하게 한다. 또한 문화 텍스트를 통해 자연스럽게 시간과 관련한 내용을 배울 것임을 알려 준다.

② 실제 학생들의 생활과 밀접한 관련이 있는 부분을 언급함으로써 흥미를 유발한다.

③ 새로운 내용을 학습하기에 앞서 가볍게 발음 연습을 하고, 본문 학습 이전에 새 단어를 익혀 보는 시간임을 알려 준다.

펼치기

· 문화 소개: 건강을 위한 10분 투자

① 중국 학생들의 학교생활 모습이 담긴 사진 자료를 제시하여 우리나라 학생들의 모습과 비교해 보게 한다.

◆ 9시에 1교시가 시작하는 우리나라와 달리 중국은 8시에 1교시를 시작하는 경우가 많고, 쉬는 시간에 다같이 눈 체조를 한다. 중국 포털 사이트에서 '**眼保体操**'를 검색하여 눈 체조 동영상을 찾아 함께 따라해 볼 수도 있다. (http://www.iqiyi.com/w_19rrm3jaql.html)
눈 체조 동영상을 보기 전에, 교재의 문화 그림에서 캐릭터들이 하고 있는 동작을 똑같이 흉내내 보며 눈 체조에는 어떤 동작들이 있을지 유추해 봄으로써 본격적인 수업에 앞서 숨 고르기를 할 수도 있다.

② 본문의 문화 내용을 함께 읽어 본다.

③ 이번 과에서 배우는 내용과 연관이 있음을 언급하고 수업을 시작한다.

보충

중국식 눈 체조

중국에서는 눈 주위와 머리 부분의 혈액순환을 원활히 하고 눈의 피로를 풀어 주기 위해 눈 체조를 실시하고 있다. 1963년부터 차츰 전국적으로 시행하게 되었는데, 보통 2교시와 3교시 사이에 체조 시간이 있어서 전교생이 교실이나 운동장에서 눈 체조를 한다. 중국식 눈 체조는 눈 주변의 기본 경혈을 눌러주는 지압을 통해 자극해 주는 방식이다. 중국식 눈 체조를 할 때는 안구를 손가락으로 직접 비비거나 세게 누르지는 않지만 위생을 고려해서 양손을 깨끗하게 씻고 하는 것이 좋다. 매일 오전과 오후에 적어도 한 번씩은 해주는 것이 좋다고 한다.

다음과 같은 방법으로 학생들과 같이 눈 체조를 해 볼 수 있다.

① 엄지손가락을 눈썹에서 2~3cm 내려간 곳에 대고, 다른 손가락은 살짝 구부려 이마 위에 놓고 원을 그리듯이 문지른다.
② 엄지손가락과 검지를 양쪽 눈 안쪽과 코 사이 작게 팬 곳에 대고 상하로 문지른다.
③ 엄지손가락을 아래턱에 받친 후, 좌우의 검지를 코에 대고 검지가 닿는 곳을 원을 그리듯이 문지른다.
④ 엄지손가락을 세우고 검지의 측면으로 눈 안쪽에서 바깥쪽으로 쓸어 준다.

念一念 자신있게 발음해요

1. 발음 연습

① 녹음을 들려 주고 따라 읽게 한다.
② 쉽게 틀리는 발음이 무엇인지 파악하고 교정해 준다.

◆ 운모 'ai', 'ia', 'ao', 'iao'와 다양한 성모를 결합한 발음 연습이다. 어린 학생들을 지도할 때 모든 한어병음의 개별 발음이 입 또는 입술의 모양에서 드러날 수 있도록 발음하는 것이 바람직하다고 설명해 준다. 복합운모 'ai', 'ia', 'ao', 'iao' 중에서 'a'를 발음할 때 강세를 주어 입 모양을 크게 해야함을 인식하도록 도와준다. 개별 발음을 정확하게 연습하는 것은 향후 빨리 읽기 연습을 할 때 발음이 하나로 뭉개지거나 불분명하지 않고 정확하게 발음할 수 있도록 하는 데 밑거름이 되는 중요한 과정이다.

③ 우리말에 없는 발음 또는 영어와 표기는 같지만 발음이 다른 경우는 특히 주의하여 집중적으로 연습할 수 있도록 한다.

지도 tip

발음 지도 방법 중 '과장법(夸张法)'은 중요하게 다루고자 하는 내용을 과장하는 방법이다.

① 입 모양(口形)의 과장
발음 부위와 입술 모양, 혀의 모양 등을 과장되게 보여 주면서 학생들이 쉽게 이해할 수 있도록 도와준다.

② 음량(响度)과 음정(音程)의 과장
복합운모를 발음할 때 운복(韵腹) 부분의 음량을 키워서 운두(韵头), 운복(韵腹), 운미(韵尾)의 구별이 좀 더 명확해지도록 음량과 음정을 과장하는 방법이다. 운복(韵腹)은 우리말의 음운인 초성, 중성, 종성 중에서 중성에 해당한다. 두 개 혹은 그 이상의 음소로 구성된 복합운모를 보여주기 위해서 전체 음절의 발음 과정을 일반 속도보다 더 느리게 들려주고 발음을 지도하기도 한다. 이러한 방식은 영어의 파닉스(Phonics) 지도 방식과 비슷하다.

2. 잰말놀이

본 과의 잰말놀이는 혼동하기 쉬운 중국어 발음 중 'ai', 'ia', 'ao', 'iao'를 집중적으로 연습하기 위한 것이다. 잰말놀이를 통해 중국어 발음에 익숙하지 않은 학생들이 흥미를 갖도록 할 수 있다. 처음에는 천천히 읽게 하고, 성취도에 따라서 점차 빠르게 읽을 수 있도록 지도한다. 잰말놀이를 연습하는 과정에서 단어의 학습이 자연스럽게 진행될 수는 있지만, 교사가 의도적으로 단어 및 문형 학습에 비중을 두지 않도록 한다. 학생들이 중국어 발음을 정확하고 자연스럽게 연습하면서 어감을 느낄 수 있도록 지도한다.

① 리듬에 맞춰 가볍게 따라 읽게 한다.
② 부정확하거나 쉽게 틀리는 발음이 무엇인지 파악하고 교정한다.
③ 연습 정도에 따라 속도를 조절하여 능숙하게 발음할 수 있도록 지도한다.

보충

鸟看表 niǎo kàn biǎo

水上漂着一只表，
Shuǐshang piāozhe yì zhī biǎo,
물 위에 시계 하나가 떠 있고,

表上落着一只鸟。
biǎoshang luòzhe yì zhī niǎo.
시계 위에 새 한 마리가 떨어져 있네.

鸟看表，表瞪鸟。
Niǎo kàn biǎo, biǎo dèng niǎo.
새는 시계를 보고, 시계는 새를 노려보고 있네.

鸟不认识表，
Niǎo bú rènshi biǎo,
새는 시계를 모르고,

表也不认识鸟。
biǎo yě bú rènshi niǎo.
시계도 새를 모르네.

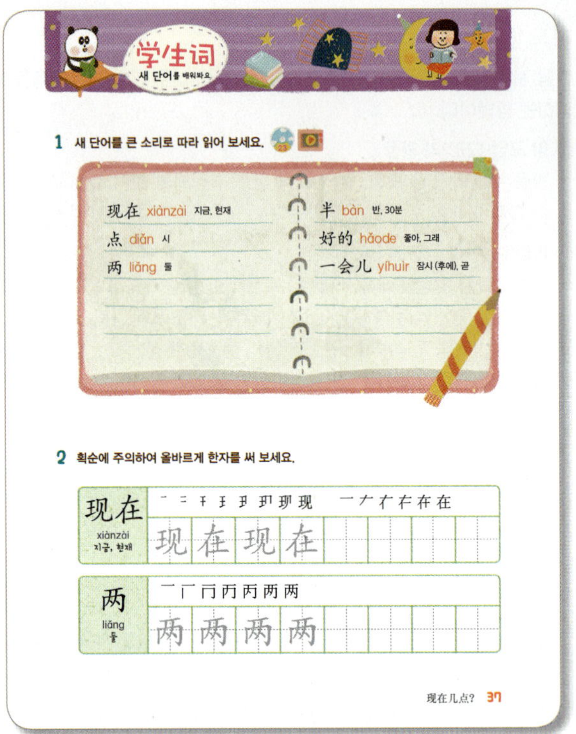
学生词
새 단어를 배워봐요

1 새 단어를 큰 소리로 따라 읽어 보세요.

现在 xiànzài 지금, 현재
点 diǎn 시
两 liǎng 둘
半 bàn 반, 30분
好的 hǎode 좋아, 그래
一会儿 yíhuìr 잠시(후에), 곧

2 획순에 주의하여 올바르게 한자를 써 보세요.

现在 xiànzài 지금, 현재
一 二 千 王 王 玑 玑 现　一 ナ 才 木 在 在
现 在 现 在

两 liǎng 둘
一 丆 冂 丙 丙 两 两
两 两 两 两

现在几点? 37

学生词 새 단어를 배워봐요

1. 어휘 학습

① 녹음을 듣고 큰 소리로 따라 읽게 한다.

② 단어의 의미와 주의해야 할 발음을 설명한다.

现在 xiànzài 지금, 현재
'现 xiàn'의 'x'를 설치음 's'처럼 발음하지 않도록 주의한다.

点 diǎn 시

两 liǎng 둘

半 bàn 반, 30분
원래는 '절반'이라는 뜻이지만 시간을 표현할 때는 '30분', '반'이라는 뜻으로 쓰임을 알려 준다.

好的 hǎode 좋아, 그래

一会儿 yíhuìr 잠시(후에), 곧
'儿化' 발음에 유의하도록 반복하여 듣고 따라 하게 한다.

③ 녹음을 다시 듣고 따라 읽게 한다.

보충

'二'과 '两'

'二'은 '1, 2, 3'처럼 수를 세거나 순서를 나타낼 때 사용한다.

예 十二 | 二十 | 二月

'两'은 '하나, 둘, 셋'처럼 수량을 나타낼 때 사용한다.

예 两个人 | 两本书

하지만 수량을 나타내는 경우라도 십 단위 이상인 숫자의 마지막 자릿수에는 '两'을 사용하지 않는다. 숫자 12와 20은 각각 '十二', '二十'라고 읽는다.

예 二十个学生

2. 쓰기 연습

① 교사는 제시된 단어를 칠판에 쓰면서 획순을 알려 준다.

② 획순에 주의하여 학생 스스로 써 보도록 한다.

③ 학생들이 잘못 쓰는 글자를 다시 한 번 짚어 준다.

④ 학생이 칠판 앞으로 나와서 교사가 지정해 준 한자를 필순에 맞게 써 보고 발음해 보도록 한다.

现 부수 王 총 8획

- 왼쪽에서 오른쪽으로 쓴다.
- '见'을 '贝'처럼 쓰지 않도록 주의하여 마지막 획의 끝 부분을 갈고리 모양처럼 올려 쓴다.

一 二 千 王 王 玑 玑 现

在 부수 土 총 6획

- 가로획과 세로획이 겹칠 때는 가로획을 먼저 쓴다.
- 위에서 아래로, 왼쪽에서 오른쪽으로 쓴다.

一 ナ 才 木 在 在

两 부수 一 총 7획

- 위에서 아래로 쓴다.
- 먼저 윤곽선을 그려준 후, '人'을 두 번 연속하여 쓴다.

一 丆 冂 丙 丙 两 两

참고 사이트

http://nlp.blcu.edu.cn/others/center/sys/bishun/flash.php
→ 한자의 필순을 온라인으로 조회 가능하다.

www.yes-chinese.com/card/
→ 학습 내용에 따라 한자카드를 만들 수 있다.

마무리하기

1. 학습 내용 정리

수업 내용에 관한 질문을 통해 학생들의 이해도를 점검한다.

2. 과제 부여

① 본서 36쪽의 '발음 연습'과 '잰말놀이'를 큰 소리로 읽는 연습을 해 오도록 한다.

② 학습한 단어의 뜻과 한어병음이 익숙해질 수 있도록 멀티 CD(TRACK 23)를 반복해서 듣고 오게 한다.

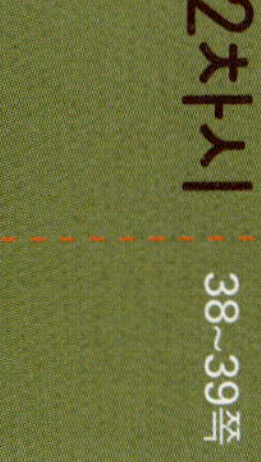

학습 목표

- 시간을 묻고 답할 수 있다.
- 약속 시간을 정할 수 있다.

수업 준비물

교재, 멀티 CD

들어가기

1. 지난 시간 복습

① 과제를 확인한다.

② 그림 자료나 PPT 등의 시각 자료를 활용하여 지난 차시에 다룬 문화 관련 내용을 확인한다.

2. 새로 배울 내용 소개

① 학습 목표를 소개한다.

② 본문의 그림을 보고 어떤 상황인지 유추해 보도록 한다.

펼치기

一起说 친구들과 대화해요

1. 단어 확인하기

① 단어 카드를 활용하여 지난 시간에 학습한 단어를 읽어 보게 한다. 멀티 CD의 단어 플래시를 활용하여 단어를 복습할 수도 있다.

② 교사가 중국어로 단어를 제시하면 학생들은 우리말로 그 단어의 뜻을 말한다.

③ 학생들이 단어의 뜻을 정확하게 이해했다면, 교사는 학생들에게 우리말로 단어를 제시하고 중국어로 대답해 보게 한다.

2. 녹음 듣고 문장 연습하기

① 녹음을 들려 주고 따라 읽게 한다.

② 문장 단위로 따라 읽게 하고 해석한다.

본문 해석

惠敏	现在几点? 지금 몇 시야?
丽丽	现在两点。 지금은 두 시야.
惠敏	我们几点见? 우리 몇 시에 만나?
丽丽	三点半见。 세 시 반에 만나자.
惠敏	好的，一会儿见! 좋아. 잠시 후에 봐!

◆ 2시는 '二点'이 아닌 '两点'으로 표현함을 설명한다.

③ 교재의 문장을 정확한 발음으로 읽어 보도록 한다.

보충

중국어 술어문의 종류

중국어는 어떤 문장 성분이 어디에 위치하는지에 따라 그 의미가 달라지기 때문에 어순에 특히 주의해야 하는 언어이다. 중국어의 기본적인 어순은 '주어+서술어+목적어'인데, 이 때 서술어의 구성 성분에 따라 형용사술어문, 동사술어문, 명사술어문, 주술술어문으로 나눌 수 있다.

'现在两点。'처럼 명사가 서술어의 역할을 하는 '명사술어문'을 부정문으로 만들 때는 반드시 서술어의 역할을 하는 명사 앞에 '不是'를 써야 한다.

'명사술어문'은 주로 나이, 학년, 요일, 날짜, 시간, 가격 등을 나타낼 때 쓴다.

어린 학생들은 품사나 문장 성분 등의 개념이 불분명한 경우가 대부분이기 때문에 문법을 정리하듯 설명해 주는 연역적인 지도 방법은 부적합하다. 예문을 통해 자연스럽게 문법을 익힐 수 있도록 지도한다. 예문들로 연습하는 과정에서 어떤 공통점이 있는지에 대해 함께 이야기를 나눠 보는 방법도 시도해 볼 수 있다.

④ 두 사람씩 짝을 지어 대화문을 연습해 보게 한다. 역할을 바꾸어 가면서 연습하도록 지도하여 반복적인 연습이 지루해지지 않도록 주의한다.

⑤ 간체자만 보고 본문을 읽는 연습을 한다.

3. 문장 듣고 해석하기

교사가 읽어 주는 내용을 듣고 우리말로 해석하게 한다.

4. 해석 듣고 중국어 문장으로 말하기

① 실제 대화하는 것처럼 자연스럽게 말하도록 지도한다.

② 짝과 함께 회화 내용을 연습하고, 역할을 바꾸어 반복 연습하도록 지도한다.

보충

교재 본문 그림의 좌측 하단에 있는 시계들을 보면서 추가로 시간 표현을 연습해 볼 수 있다. 왼쪽부터 시계방향으로 시간을 표현하면 다음과 같다.

十二点零五分 shí'èr diǎn língwǔ fēn

2시는 '两点'이라고 하지만, 12시는 '二'을 사용하여 '十二点'이라고 한다. 그리고 1~9분까지는 분을 나타내는 숫자 앞에 '零 líng 0'을 붙여 표현한다.

六点 liù diǎn

'六点钟'이라고도 표현할 수 있다. '钟'은 '시간' 또는 '시간'을 나타낸다.

十一点三十五分 shíyī diǎn sānshíwǔ fēn

三点三十分 sān diǎn sānshí fēn

세 시 반은 '三点半 sān diǎn bàn'이라고 표현할 수 있다.

아직 본문 학습에 익숙하지 않은 경우에는 배운 표현을 위주로 간단히 숫자 말하기만 한다. '零' '钟' 등이 사용된 표현은 학생들이 시간 표현에 충분히 익숙해진 이후에 필요에 따라 교사가 선택적으로 다뤄준다.

지도 tip

학생들의 실제 생활과 연관된 연습을 하는 것도 유의미한 연습 방법의 하나이다.

① 자신이 좋아하는 TV프로그램이 방영되는 요일과 시간을 마음속으로 생각하게 한다. 수업에 오기 전에 미리 알아오도록 할 수도 있다.

② 학생들이 아직 시간 표현을 익숙하게 익히지 못해서 정확한 발음으로 표현하기가 부족한 상태라면 작은 종이에 프로그램명과 방영 요일, 시간을 적어서 교사에게 내도록 한 후 교사가 하나씩 그 시간을 말해준다.

③ 학생들은 교사가 말하는 시간 표현을 주의하여 듣고 어떤 프로그램인지 알아맞힌다.

④ 학생들이 어느 정도 게임 방법에 익숙해지면 교사 대신 학생들이 돌아가며 중국어로 시간을 말하고 나머지 학생들이 프로그램명을 맞히도록 할 수도 있다.

⑤ 활동이 끝난 후 교사가 프로그램명을 말하면 학생들이 요일과 시간을 다시 말해 보게 할 수 있다.

최근에는 중국에서도 우리나라 TV프로그램을 방송과 인터넷을 통해 쉽게 볼 수 있다. 시간 표현을 연습하는 것과 직접적인 관계는 없지만 우리나라 프로그램명이 중국어로 어떻게 불리고 있는지 잠깐씩 설명해 주거나 어떤 프로그램인지 퀴즈 형식으로 진행하여 학생들의 호기심을 자극할 수 있다.

예 无限挑战 wúxiàn tiǎozhàn 무한도전
爸爸，去哪儿? Bàba, qù nǎr? 아빠! 어디가?
出发梦之队 chūfā mèngzhīduì 출발드림팀
TV动物农场 TV dòngwù nóngchǎng TV 동물농장
真正的男人 zhēnzhèng de nánrén 진짜 사나이
超人回来了 chāorén huílái le 슈퍼맨이 돌아왔다
两天一夜 liǎngtiān yíyè 1박2일

마무리하기

1. 학습 내용 정리

학습 내용을 다시 한 번 확인한다. 멀티 CD 회화 애니메이션의 자막을 변경해 가며 회화 내용을 확실히 익혔는지 확인해 볼 수 있다.

2. 과제 부여

① 본문을 세 번씩 큰 소리로 읽어 오게 한다.

② 다양한 시간 표현을 자유롭게 말할 수 있게 숫자 말하기 연습을 충분히 해 오도록 한다.

3차시 40~41쪽

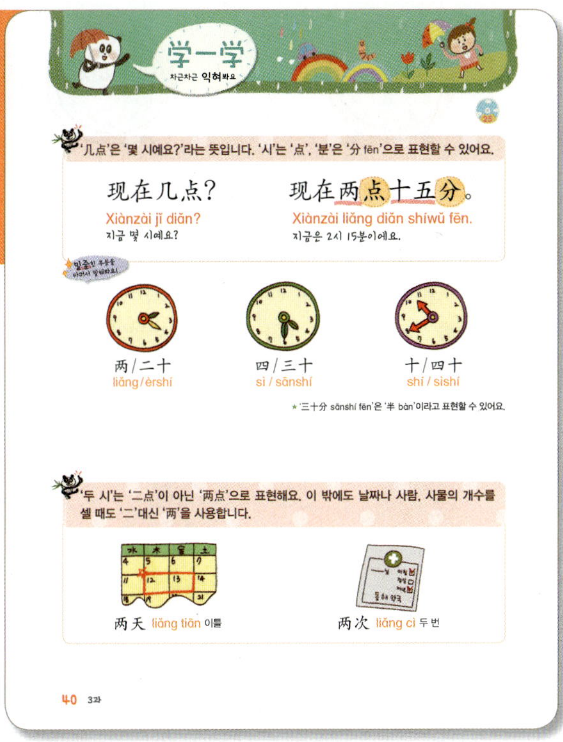
学一学
차근차근 익혀봐요

'几点'은 '몇 시예요?'라는 뜻입니다. '시'는 '点', '분'은 '分 fēn'으로 표현할 수 있어요.

现在几点?
Xiànzài jǐ diǎn?
지금 몇 시예요?

现在两点十五分。
Xiànzài liǎng diǎn shíwǔ fēn.
지금은 2시 15분이에요.

两/二十 liǎng/èrshí
四/三十 sì / sānshí
十/四十 shí / sìshí

★ '三十分 sānshí fēn'은 '半 bàn'이라고 표현할 수 있어요.

'두 시'는 '二点'이 아닌 '两点'으로 표현해요. 이 밖에도 날짜나 사람, 사물의 개수를 셀 때도 '二'대신 '两'을 사용합니다.

两天 liǎng tiān 이틀
两次 liǎng cì 두 번

40 3과

학습 목표

- '시(点)'와 '분(分)'을 사용하여 시간 표현하기에 익숙해진다.
- '两'을 활용한 표현을 할 수 있다.

수업 준비물

교재, 음성 자료

들어가기

1. 지난 시간 복습

① 과제를 확인한다.

② 지난 차시 학습 내용을 확인한다.

본문 내용에 대해 물어보거나 현재 시간을 문답식으로 확인한다. 상황에 맞는 그림 또는 다양한 PPT 자료를 활용하여 확인할 수 있다.

2. 새로 배울 내용 소개

① 학습 목표를 소개한다.

② 주제와 관련된 내용을 소개한다.

펼치기

学一学 차근차근 익혀봐요

1. 시간 표현하기

① 녹음을 듣고 정확한 발음으로 따라 읽도록 지도한다.

② 새 단어의 의미를 확인하고 문장으로 연습해 본다.

③ 제시된 문장을 교사와 학생이 번갈아 읽어 본다.

> 现在几点? 지금 몇 시예요?
> 现在两点十五分。 지금은 2시 15분이에요.
>
> 밑줄 친 부분을 바꿔서 말해봐요!
> 现在两点二十分。 지금은 2시 20분이에요.
> 现在四点三十分。 지금은 4시 30분이에요.
> 现在十点四十分。 지금은 10시 40분이에요.

◆ 30분은 '三十分'과 '半' 두 가지로 표현할 수 있음을 언급한다.

보충

시계놀이

교사는 한 팔은 시침이고 다른 한 팔은 분침이라고 소개하고 동작으로 시간을 표현한다. 먼저 오른팔은 수직으로 세워 정각을 나타내고 왼팔만 움직여서 특정 시간을 나타낸다. 6시 이후의 시간은 팔을 바꿔서 왼팔이 수직을 가리키고 오른팔로 시간을 나타내면 동작이 훨씬 수월하다. 학생들은 교사의 동작을 보고 몇 시인지 알아맞힌다. 정각의 표현에 익숙해지면 시침과 분침이 모두 움직여 시간을 나타내고 알아맞히는 활동을 할 수 있다. 활동이 익숙해지면 학생이 교사의 역할을 하며 동작으로 시간을 나타내고 다른 학생들은 동작에 해당하는 시간을 중국어로 말한다. 진행 방식을 바꿔서 교사가 중국어로 시간을 말하고 학생들이 해당 시간을 두 팔로 표현하는 연습을 할 수 있다. 학생들이 자주 실수하는 표현은 무엇인지 주의하며 지켜보고 활동을 정리할 때 다시 한 번 확인해 주는 것이 좋다.

지도 tip

시침과 분침의 혼동을 피하기 위해 한 손에 장갑을 끼거나 손목에 리본을 묶는 등 간단한 표시를 해둘 수 있다.
쓰기 연습과 연결지어 활동하려면, 교사는 활동에 앞서 학생들에게 쪽지를 나눠주고 생각나는 시간을 마음대로 적어 보게 한 후 다시 걷는 방법이 있다. 저학년은 숫자나 우리말로 시간을 적어도 무방하다. 쪽지를 바구니나 주머니에 넣고 학생들이 한 사람당 하나씩 쪽지를 뽑아가며 그 쪽지에 적힌 시간을 중국어로 말해 보는 연습을 할 수 있다.

2. '两'을 사용한 표현

① 녹음을 듣고 정확한 발음으로 따라 읽도록 지도한다.

② 새 단어의 의미를 확인하고 문장으로 연습해 본다.

③ 제시된 표현을 교사와 학생이 번갈아 읽어 본다.

> 两天 이틀
> 两次 두번

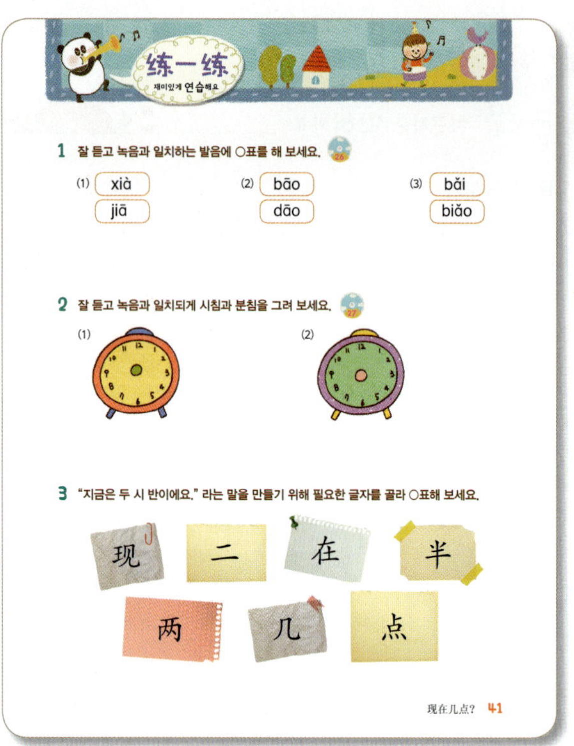

练一练 재미있게 연습해요

1 잘 듣고 녹음과 일치하는 발음에 ○표를 해 보세요.

(1) xià / jiā (2) bāo / dāo (3) bǎi / biǎo

2 잘 듣고 녹음과 일치되게 시침과 분침을 그려 보세요.

(1) (2)

3 "지금은 두 시 반이에요."라는 말을 만들기 위해 필요한 글자를 골라 ○표해 보세요.

现 二 在 半 两 几 点

现在几点? 41

练一练 재미있게 연습해요

1. 녹음과 일치하는 발음 찾기

① 녹음을 들려준 후, 문제를 풀게 한다.
② 정답을 확인하고, 문제 풀이를 한다.
③ 녹음을 다시 한 번 듣고 따라 읽게 한다.

녹음대본

(1) jiā 家 집 (2) bāo 包 가방 (3) biǎo 表 시계

[정답] (1) jiā (2) bāo (3) biǎo

◆ (1)과 (2)는 운모가 같은 상황에서 성모와 성조로 두 단어의 차이를 구분하고, (3)은 성모가 같은 상황에서 운모 'ai', 'iao'의 차이를 구분하는 문제이다. 보다 정확한 연습을 위해 정답이 아닌 한어병음도 읽어 보도록 한다. 그리고 심화 학습이 가능하다면 각각의 성조에 알맞은 한자를 제시해 줄 수도 있다.

예 下 xià | 家 jiā | 包 bāo | 刀 dāo | 百 bǎi | 表 biǎo

2. 녹음과 일치되게 시침과 분침 그리기

① 녹음을 잘 듣고 시침과 분침을 알맞게 표시하게 한다.
② 들은 내용을 한국어 혹은 중국어로 말해 보게 한다.
③ 시침과 분침을 정확히 표시했는지 확인한 후, 큰 소리로 읽어 보게 한다.

녹음대본

(1) 两点三十分 liǎng diǎn sānshí fēn 2시 30분

(2) 十二点十分 shí'èr diǎn shí fēn 12시 10분

[정답] (1)  (2) 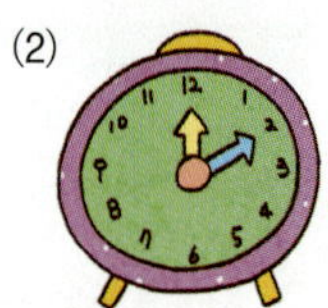

3. 우리말 해석을 보고 일치하는 중국어 문장 만들기

① 주어진 우리말 문장을 중국어로 말해 보게 한다.
② 필요한 단어들을 순서에 맞게 골라 보게 한다.

◆ 문제를 풀기 전에 미리 각 글자를 중국어로 읽어 보거나 한자 아래에 한어병음을 적어 보게 할 수도 있다.

③ 완성된 중국어 문장을 읽어 보게 한다.

[정답]

◆ 완성된 표현은 '**现在两点半。**'이다. 제시된 문장을 만들 때 필요하지 않은 단어 '几 jǐ'와 '二 èr'을 읽어 보고, '几 jǐ'와 '二 èr'을 각각 활용한 문장을 만들어 보게 할 수도 있다.

교재의 연습문제를 학습한 후, 워크북 문제를 함께 풀어 볼 수 있다. 워크북을 푸는 과정을 통해 학생들에게는 학습한 내용을 한 번 더 확인하는 기회를 제공하고, 교사는 학생들의 이해 정도를 파악하여 필요한 지도를 보충하거나 다음 수업의 난이도를 조정할 수 있다. 워크북의 모든 문제를 풀어 볼 수도 있지만, 필요에 따라 교사가 취사선택하여 풀어 볼 수도 있다.

마무리하기

1. 학습 내용 정리

① 学一学에서 학습한 내용을 정확히 이해했는지 확인한다.
② 연습문제에서 학생들이 자주 오류를 범하는 내용에 대해 다시 한 번 정리한다.

2. 과제 부여

이번 시간에 학습한 내용을 자연스럽게 표현할 수 있도록 연습해 오게 한다.

4차시 42~43쪽

高一高 실력을 쑥쑥 키워요

친구들과 함께 다양한 시간 표현을 연습해 보세요.

一点 yī diǎn	两点 liǎng diǎn	三点 sān diǎn	四点 sì diǎn	五点 wǔ diǎn	六点 liù diǎn
七点 qī diǎn	八点 bā diǎn	九点 jiǔ diǎn	十点 shí diǎn	十一点 shíyī diǎn	十二点 shí'èr diǎn

42 3과

학습 목표

- 다양한 시간 표현을 익힌 후 시간을 묻고 답할 수 있다.
- 노래를 통해 학습 내용을 숙지하여 중국어 표현 능력을 향상시킬 수 있다.

수업 준비물

교재, 멀티 CD

들어가기

1. 지난 시간 복습

① 과제를 확인한다.

② 学一学 에서 다룬 표현을 함께 읽어 보거나 간단한 질문을 통해 복습한다.

2. 새로 배울 내용 소개

① 학습 목표를 소개한다.

② 주제와 관련된 내용을 소개한다.

다양한 시간이 표시된 PPT 자료나 시계모형 도구를 준비하여 학습한 시간 표현을 묻고 답하게 한다. 수업 분위기에 따라 게임 형식으로 진행하는 것도 좋은 방법이다.

펼치기

高一高 실력을 쑥쑥 키워요

- 다양한 시간 표현 알아보기

① 시간 표현을 익히기에 앞서 중국어로 숫자 세는 연습을 해 본다.

② 시간을 나타내는 '点' 앞에 숫자 1부터 12까지 넣어 연습한다.

◆ 2시를 '二点'이라고 하지 않도록 주의하여 지도한다.

③ '분'을 나타내는 표현을 연습한다. 30분이나 15분, 45분은 각각 '半', '一刻', '三刻' 등으로 표현할 수 있음을 알려 준다.

◆ 15분, 30분, 45분을 제외한 다른 시간은 '分'으로만 나타낼 수 있음을 설명한다. '刻'와 '半'으로 표현된 시간을 '分'으로 바꾸어 보게 하거나 그 반대로 말해 보는 연습을 통해 시간을 나타내는 여러 표현에 익숙해질 수 있도록 한다.

④ 짝과 함께 다양한 시간 표현을 연습하게 한다.

◆ '一点'은 '한 시'라는 숫자 '일(一)'을 강조해야 하므로 'yī'로 발음하도록 유의하게 하고, '一刻'는 'yí kè'를 마치 하나의 단어처럼 묶어서 연습할 수 있도록 지도한다.

지도 tip

시간 표현과 관련하여 '상상 방학 생활계획표' 만들기를 한 후, 나의 계획표에 있는 하루 일과를 친구들에게 소개하게 해 볼 수 있다. 아래 그림과 같이 원을 그려둔 활동지를 준비하여 계획표를 만드는 활동을 진행한다.

예

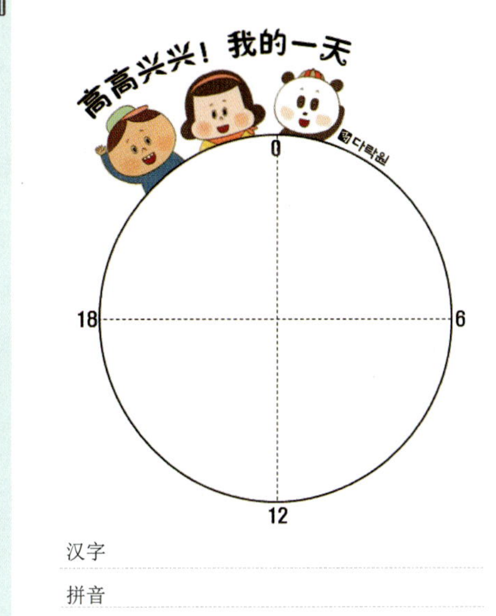

우선 평소에 배우고 싶거나 하고 싶은 것이 무엇인지 물어보고 그에 해당하는 표현을 칠판에 적어준다. 시간 절약을 위해 예상되는 표현들을 복사물로 미리 준비해 가서 나눠줄 수도 있다. 또는 몸으로 자기가 할 일을 표현하고 친구들이 맞춰 보는 퀴즈 형식으로 변화를 주어 진행해도 좋다. 계획표 아래에 글자를 쓸 공간을 마련해 주고, 자기의 생활계획표 중 가장 좋아하는 시간대와 그 시간대에 하는 활동을 중국어 문장으로 한 번 써 보게 한 후 완전한 문장으로 말해 보도록 하는 방법도 있다.

(활동지는 http://cafe.naver.com/funchinese/5396에서 제공)

玩一玩 신나게 놀아 봐요

• **노래로 배워요: 같이 학교 가자!**

본 과의 학습 내용과 관련된 노래를 통해 앞서 학습한 표현이 익숙해지도록 한다. 노래를 통한 연습에서 중국어 성조는 무시되므로, 성조를 제외한 성모와 운모의 결합 발음에 주의하면서 부르도록 지도한다.

① 새 단어인 '起床 qǐchuáng'을 큰 소리로 읽고 의미를 알려 준다.

② 노래 부르기에 앞서 노래가사를 큰 소리로 읽어 보고 해석해 보도록 한다.

③ 음악에 맞춰 노래를 따라 불러 본다.

지도 tip

제3과의 주요 학습 내용은 '시간 묻고 답하기'이며 확장 연습을 통해 다양한 시간 표현을 다루고 있다. 시계를 보고 중국어로 정확하게 시간을 표현하거나 중국어 시간 표현을 듣고 일치하는 시계를 고르는 연습은 시간 학습에서 빠지지 않는 가장 기본적인 활동이다. 이러한 활동들은 모두 학생 스스로 학습한 내용을 정확하게 사용하는 능력을 기를 수 있게 해 준다.

연습 초기에는 학생의 수준에 맞게 정시(1시, 2시, 3시, ... 12시)가 그려진 시계와 그에 해당하는 중국어가 적힌 카드를 사용하다가 점차 15분, 30분, 45분 등의 시간을 추가적으로 연습한다.

카드의 활용 방법은 매우 다양하다. 똑같은 카드를 섞어 두고 기억력 게임처럼 짝을 맞추어 찾아가는 방식으로 게임을 진행할 수도 있고, 한 명은 시계가 그려진 카드를, 다른 한 명은 중국어로 시간이 적혀 있는 카드를 가지고 서로 번갈아 가며 문제를 내듯이 카드 게임을 할 수도 있다.

모둠별 또는 짝활동으로 진행하기에 앞서 교사와 학생 간에 활동을 진행해 봄으로써 학생들이 활동의 방법과 절차에 충분히 익숙해질 수 있도록 한다. 활동을 하는 동안 교사는 교실을 순회하며 중국어 표현에 어려움을 겪고 있는 학생이 있는지 세심하게 살핀다. 활동을 하는 도중에 소란해지면 더 이상 활동을 진행하지 않고 교실의 학습 분위기를 조성할 수 있도록 지도한다. ('시간 카드'는 http://cafe.naver.com/funchinese/5361에서 제공)

마무리하기

1. 학습 내용 정리

① 학습한 표현을 우리말로 제시하고 이를 중국어로 말해 보게 한다.

② 다양한 시간을 제시하고 적합한 표현을 중국어로 대답하게 한다.

2. 과제 부여

다양한 시간 표현을 큰 소리로 읽어 보는 연습을 해 오도록 한다. 시간표를 만들었다면 자신의 시간표를 보고 말해 보도록 할 수도 있다.

4 我去书店。 나는 서점에 가.

단원 소개 및 학습 내용

중국의 수도 베이징을 대표하는 쇼핑가 '왕푸징'의 유래를 알아보고 현재의 모습을 살펴본다. '哪儿'과 장소 표현을 사용하여 장소와 위치를 묻고 답하는 문장을 연습한다. 또한 부정을 나타내는 '不'의 성조 변화를 이해한다.

단원 학습 목표

1. 혼동하기 쉬운 성모 l, r를 포함한 발음을 정확하게 할 수 있다.
2. '哪儿'을 활용하여 어디에 가는지 묻고 답할 수 있다.
3. '不'의 성조 변화를 이해한다.

단원 지도 계획

차시	교재 범위	학습 단계	학습 내용
1	44~47쪽	문화	베이징에는 우물가에 상점이 있다?
		발음	성모 l, r와 운모의 결합
		새 단어	본문 새 단어 학습 쓰기 연습 (哪儿, 书店)
2	48~49쪽	회화	장소 묻고 답하기
3	50~51쪽	교체 연습	'哪儿'을 사용하여 장소 묻고 답하기 '不'의 성조 변화
		연습 문제	발음 및 본문 내용 관련 문제 풀기
4	52~53쪽	확장 연습	다양한 장소 표현
		활동	장소 이름 말하기

학습 목표

- 중국의 수도 베이징을 대표하는 쇼핑가 왕푸징을 살펴본다.
- 성모 l, r와 운모를 결합하여 발음할 수 있다.
- 새 단어의 발음과 뜻을 익히고, 획순에 맞게 쓸 수 있다.

수업 준비물

교재, 멀티 CD, 단어 카드

들어가기

1. 지난 시간 복습

① 시계의 시침과 분침을 바꿔 가며 중국어로 시간을 말해 보게 한다.

② 친구와 현재의 시간을 묻고 답한 후, 약속 시간을 정하는 대화를 나눠 보게 한다.

2. 새로 배울 내용 소개

① 그림과 문화 내용을 살펴보면서 이번 단원에서 배울 내용이 무엇인지 유추해 보게 한다.

◆ 큰 건물과 상점이 있고, 많은 사람들이 다니고 있는 중국의 거리를 살펴보게 한다. '왕푸징'은 마치 우리나라의 명동과 같은 거리임을 설명하고, 지금은 현대적인 모습을 갖추고 있지만 곳곳에 여전히 남아 있는 옛 모습에 대해서도 설명을 해 준다. 나이가 어린 학습자들은 명동을 잘 모를 수도 있으므로 사진을 직접 보여 주거나 간단하게 설명해 준다. 자연스럽게 이번 단원에서는 장소에 대해서 배울 것임을 예고한다.

② 실제 학생들의 생활과 밀접한 관련이 있는 부분을 언급함으로써 흥미를 유발한다.

③ 새로운 내용을 학습하기에 앞서 가볍게 발음 연습을 하고, 본문 학습 이전에 새 단어를 익혀보는 시간임을 알려 준다.

펼치기

- **문화 소개: 베이징에는 우물가에 상점이 있다?**

① '왕푸징'의 유래에 대해 설명하고 사진이나 영상 자료를 함께 감상해 본다.

◆ '왕푸징'은 원래 '왕가의 우물'이 있던 곳으로, 우물이 있던 자리에 현재까지도 그 표시가 남아 있다. 현재는 베이징 최고의 번화가이자 쇼핑가로 우리나라의 명동과 비슷한 분위기가 난다. 거리의 양쪽으로 백화점, 쇼핑몰이 늘어서 있는 한편 골목골목에는 옛 모습을 간직한 오래된 상점들이 있다. 또한 '왕푸징' 골목에는 베이징 카오야 전문점인 '취안쥐더(全聚德)', 100년 전통의 만두 전문점 '거우부리(狗不理)' 등 역사가 오래된 전통 음식점들이 위치하고 있으며, 베이징의 명물인 다양한 꼬치음식을 맛볼 수 있다.

② 본문의 문화 내용을 함께 읽어 본다.

③ 이번 과에서 배우는 내용과 연관이 있음을 언급하고 수업을 시작한다. 베이징의 다른 관광 명소도 간단히 소개를 하고 사진이나 영상 자료를 함께 감상한다.

보충

베이징의 유명 관광지

천안문광장(天安门广场): 베이징 시 중심에 위치한 총면적 44만㎡의 세계 최대 광장으로, 동시에 100만 명 정도의 인원이 모일 수 있는 크기라고 한다. 중국 근현대사에서 가장 상징적인 공간으로 꼽힌다. 천안문의 정중앙에는 마오쩌둥의 대형 초상화가 걸려 있는데, 천안문과 그 앞으로 펼쳐진 공터를 통틀어서 천안문광장이라고 부른다.

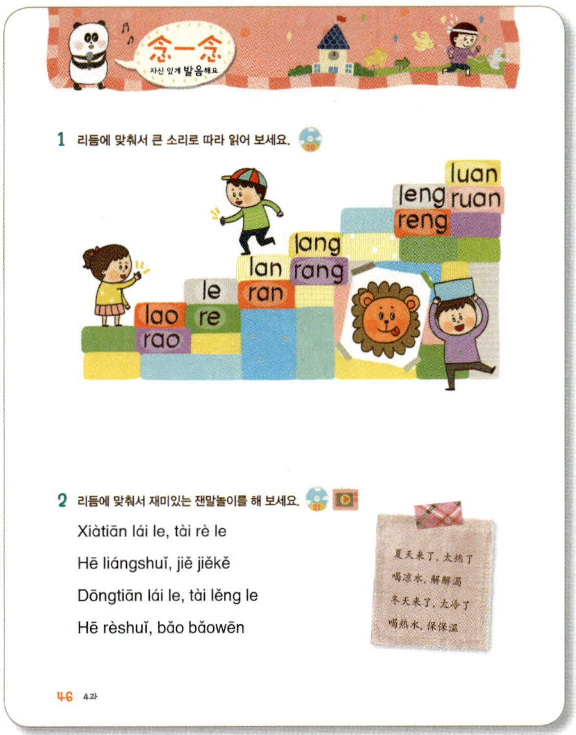

念一念 자신 있게 발음해요

1 리듬에 맞춰서 큰 소리로 따라 읽어 보세요.

2 리듬에 맞춰서 재미있는 잰말놀이를 해 보세요.

Xiàtiān lái le, tài rè le

Hē liángshuǐ, jiě jiěkě

Dōngtiān lái le, tài lěng le

Hē rèshuǐ, bǎo bǎowēn

46 4과

고궁(故宫): 고궁의 옛 이름은 '자금성(紫禁城)'이다. 1421년부터 1911년까지 500여 년 동안 명청 시기 24명의 황제가 이곳에서 생활하며 전국을 통치했다. 전체 면적은 72만m^2이며, 무려 8,707개의 방이 있다고 한다. 고궁의 붉은색 벽과 황금색 기와는 일출과 일몰 무렵 더욱 장관을 이룬다.

이화원(颐和园): 베이징에서 서북쪽으로 10km 정도 떨어진 교외에 위치한 중국 황실의 여름 별장이자 최대 규모의 황실 정원이다. 이화원 안에는 거대한 인공호수와 각종 전통 건축물이 자리잡고 있다. 특히 총면적의 4분의 3을 차지하는 쿤밍호(昆明湖)가 인상적이다. 흙을 파서 인공호수인 쿤밍호를 만들고, 그 흙으로 인공산을 만들었다.

만리장성(万里长城): 중국의 역대 왕조들이 북방 유목민들의 침입을 막기 위해 세운 군사방어용 성벽으로 기원전 3세기 진시황이 연결하여 명나라 때 완성하였다. '만리장성에 올라 보지 않으면 사내대장부가 아니다(不到长城，非好汉。Bú dào Chángchéng, fēi hǎohàn.)'라는 말이 있을 정도로 중국인들이 평생에 한 번쯤은 꼭 오르고 싶어하는 곳이다.

念一念 자신있게 발음해요

1. 발음 연습

① 녹음을 들려 주고 따라 읽게 한다.

② 쉽게 틀리는 발음이 무엇인지 파악하고 교정해 준다.

◆ 성모 'l', 'r'와 운모를 결합한 문제이다.

'l'는 혀끝이 윗잇몸과 접촉하면서 나는 설첨음(舌尖音 혀끝 소리)에 속한다. 혀끝을 세워서 윗잇몸에 붙이고 공기를 혀의 측면으로 빠지게 하면서 발음한다.

'r'는 혀끝을 입천장 쪽으로 말아 올려 그 사이로 공기를 내보내면서 내는 권설음(卷舌音 혀 들어올린 소리)에 속한다. 혀끝을 위로 들어 올려 입천장 가까이에 대고, 그 틈으로 공기를 마찰시켜 성대를 울리며 발음한다. 이 때 혀가 약간 들어 올려지는 느낌을 갖는다.

③ 우리말에는 없는 발음 또는 영어와 표기는 같지만 발음이 다른 경우는 특히 주의하여 집중적으로 연습할 수 있도록 한다.

지도 tip

발음을 지도할 때 우리말의 발음과 중국어의 발음을 비교하면서 설명을 할 수도 있지만(언어 간 비교), 중국어와 중국어의 비교(언어 내 비교)를 통해서 그 차이점을 느끼게 할 수 있다.

초등학생 학습자들은 문자 정보보다는 소리 정보에 대한 감각이 발달한 시기이므로 정확한 발음을 들을 수 있는 기회를 최대한 제공하고 발음 간의 차이를 확인할 수 있게 도와준다. 'l'와 'r'를 포함한 다양한 예시를 활용해 스스로 발음해 보면서 정확한 발음을 구사할 수 있는 능력을 꾸준히 배양하는 것이 좋다.

2. 잰말놀이

본 과의 잰말놀이는 혼동하기 쉬운 중국어 발음 중 'l', 'r'를 집중적으로 연습하기 위한 것이다. 잰말놀이를 통해 중국어 발음에 익숙하지 않은 학생들이 흥미를 갖도록 할 수 있다. 처음에는 천천히 읽게 하고, 성취도에 따라서 점차 빠르게 읽을 수 있도록 지도한다. 잰말놀이를 연습하는 과정에서 단어의 학습이 자연스럽게 진행될 수는 있지만, 교사가 의도적으로 단어 및 문형 학습에 비중을 두지 않도록 한다. 학생들이 중국어 발음을 정확하고 자연스럽게 연습하면서 어감을 느낄 수 있도록 지도한다.

① 리듬에 맞춰 가볍게 따라 읽게 한다.

② 부정확하거나 쉽게 틀리는 발음이 무엇인지 파악하고 교정한다.

③ 연습 정도에 따라 속도를 조절하여 능숙하게 발음할 수 있도록 지도한다.

보충

牛郎恋刘娘 niúláng liàn liúniáng

牛郎恋刘娘， Niúláng liàn liúniáng,
목동은 유씨 처녀를 사랑하고,

刘娘恋牛郎。 liúniáng liàn niúláng.
유씨 처녀는 목동을 사랑하네.

牛郎年年恋刘娘， Niúláng niánnián liàn liúniáng,
목동은 한결같이 유씨 처녀를 사랑하고,

刘娘年年恋牛郎。 liúniáng niánnián liàn niúláng.
유씨 처녀는 한결같이 목동을 사랑하네.

郎恋娘来娘恋郎。 Láng liàn niáng lái niáng liàn láng.
목동은 (유씨)처녀를, (유씨)처녀는 목동을 사랑하네.

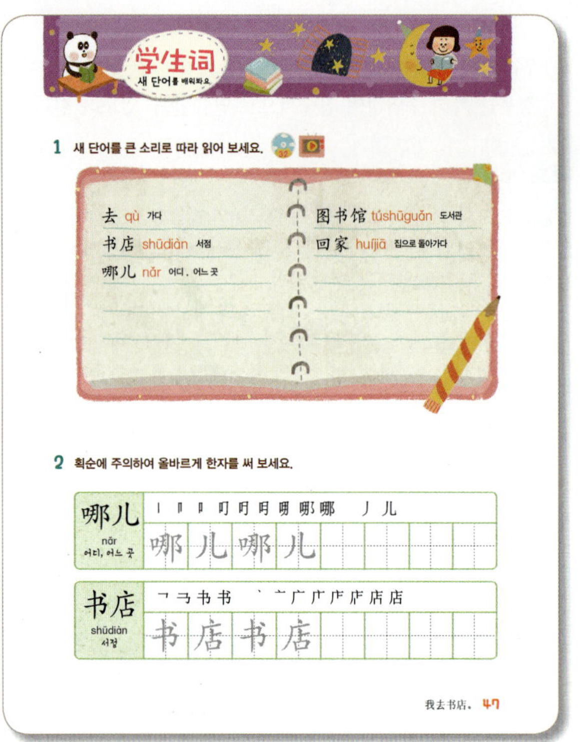

学生词 새 단어를 배워봐요

1 새 단어를 큰 소리로 따라 읽어 보세요.

去 qù 가다
书店 shūdiàn 서점
哪儿 nǎr 어디, 어느 곳
图书馆 túshūguǎn 도서관
回家 huíjiā 집으로 돌아가다

2 획순에 주의하여 올바르게 한자를 써 보세요.

哪儿 nǎr 어디, 어느 곳	丨 ㄇ 口 叮 叮 吗 哏 哪 哪 丿 儿
	哪 儿 哪 儿
书店 shūdiàn 서점	ㄱ ㅋ 书 书 丶 亠 广 广 庐 庐 店 店
	书 店 书 店

我去书店。 47

学生词 새 단어를 배워봐요 

1. 어휘 학습

① 녹음을 듣고 큰 소리로 따라 읽게 한다.

② 단어의 의미와 주의해야 할 발음을 설명한다.

去 qù 가다
'j', 'q', 'x' 뒤에 오는 'u'는 '위'로 발음함을 주의시킨다.

书店 shūdiàn 서점

哪儿 nǎr 어디, 어느 곳
'nǎ'와 'er'이 합쳐진 것이지만 표기할 때와 발음할 때 'e'가 생략됨을 설명한다.

图书馆 túshūguǎn 도서관

回家 huíjiā 집으로 돌아가다
한국어로 표현하면 '去 qù'를 사용해야 할 것 같지만, 집에 '돌아간다'는 의미로 '去 qù'가 아닌 '回 huí'를 사용함을 설명하여 학생들이 혼동하지 않도록 지도한다.

지도 tip

물건을 사고 파는 경제활동이 진행되는 장소를 나타내는 중국어 표현에는 '店'이라는 글자가 공통적으로 들어간다. 예를 들어 책을 파는 '书店', 물건을 파는 '商店', 다양한 물건과 서비스를 제공하는 '百货商店', 약을 파는 '药店', 문구류를 파는 '文具店' 등이 그러하다.
한자에 대한 제반 지식을 가지고 있는 학생을 지도하는 경우 단어 안에 들어 있는 한자들을 바탕으로 설명을 풀어가는 방식이 학습 내용에 대한 이해와 기억에 도움을 준다. 한자를 잘 모르는 학생의 경우에는 한자 한 글자를 알고 있으면 다른 단어에서도 다양하게 적용할 수 있음을 설명함으로써 한자 암기의 양적인 부담을 덜어줄 수 있도록 노력한다.

③ 녹음을 다시 듣고 따라 읽게 한다.

2. 쓰기 연습

① 교사는 제시된 단어를 칠판에 쓰면서 획순을 알려 준다.

② 획순에 주의하여 학생 스스로 써 보도록 한다.

③ 학생들이 잘못 쓰는 글자를 다시 한 번 짚어 준다.

④ 학생이 칠판 앞으로 나와서 교사가 지정해 준 한자를 필순에 맞게 써 보고 발음해 보도록 한다.

哪 부수 口 총 9획

- 왼쪽에서 오른쪽으로 쓴다.
- '口'는 단독으로 쓸 때보다 작게 쓰고, 오른쪽의 '那'와 균형을 이룰 수 있도록 쓴다.
- 제8획과 제9획의 순서가 바뀌지 않게 주의하여 쓴다.

丨 ㄇ 口 叮 叮 吗 哏 哪 哪

儿 부수 儿 총 2획

- 왼쪽에서 오른쪽으로 쓴다.
- 제2획의 끝부분은 갈고리 모양으로 삐쳐 쓴다.

丿 儿

书 부수 ㄱ 총 4획

- 제2획의 끝은 고리형으로 올려 쓴다.
- 가장 마지막에 점을 찍는다.

ㄱ ㅋ 书 书

店 부수 广 총 8획

- 부수 '广'를 먼저 쓴 후, '占'을 쓴다.

丶 亠 广 广 庐 庐 店 店

마무리하기

1. 학습 내용 정리

수업 내용에 관한 질문을 통해 학생들의 이해도를 점검한다. 학생들이 특히 어려워하는 부분이 어디인지 확인하고, 다시 한 번 짚고 넘어간다.

2. 과제 부여

① 본서 46쪽의 '발음 연습'과 '잰말놀이'를 큰 소리로 읽는 연습을 해 오도록 한다.

② 학습한 단어의 뜻과 한어병음이 익숙해질 수 있도록 멀티 CD(TRACK 32)를 반복해서 듣고 오게 한다.

2차시 48~49쪽

학습 목표

- '哪儿'을 사용하여 장소를 물을 수 있다.
- 자신이 가려고 하는 장소를 표현할 수 있다.

수업 준비물

교재, 멀티 CD

들어가기

1. 지난 시간 복습

① 과제를 확인한다.

② 그림 자료나 PPT 등의 시각 자료를 활용하여 지난 차시에 다룬 문화 관련 내용을 확인한다.

2. 새로 배울 내용 소개

① 학습 목표를 소개한다.

② 본문의 그림을 보고 어떤 상황인지 유추해 보도록 한다.

펼치기

一起说 친구들과 대화해요

1. 단어 확인하기

① 단어 카드를 활용하여 지난 시간에 학습한 단어를 읽어 보게 한다. 멀티 CD의 단어 플래시를 활용하여 단어를 복습할 수도 있다.

② 교사가 중국어로 단어를 제시하면 학생들은 우리말로 그 단어의 뜻을 말한다.

③ 학생들이 단어의 뜻을 정확하게 이해했다면, 교사는 학생들에게 우리말로 단어를 제시하고 중국어로 대답해 보게 한다.

2. 녹음 듣고 문장 연습하기

① 녹음을 들려 주고 따라 읽게 한다.

② 문장 단위로 따라 읽게 하고 해석한다.

본문 해석

东海	大卫，你去哪儿? 데이빗, 너 어디 가니?
大卫	我去书店。你们呢? 나는 서점에 가. 너희들은?
东海	我去图书馆。 나는 도서관에 가.
大卫	丽丽，你也去图书馆吗? 리리야, 너도 도서관에 가니?
丽丽	我不去图书馆。我回家。 나는 도서관에 안 가. 나는 집에 가.

◆ '你去哪儿?'은 의문사 '哪儿'이 있기 때문에 '吗'가 필요 없는 의문문이다. 그리고 '你们呢?'는 의문조사 '呢'를 사용하여 이미 언급된 내용인 '去哪儿?'을 반복하지 않고 짧게 질문한 표현이다. 이미 학습한 내용들이지만 이러한 표현이 나올 때마다 학생들에게 반복해서 이야기해 주거나 학생들로 하여금 직접 의미를 설명하게 함으로써 학습 내용을 보다 공고히 하도록 도와줄 수 있다.

③ 교재의 문장을 정확한 발음으로 읽어 보도록 한다.

◆ '不去'의 '不'를 제4성이 아닌 제2성으로 발음할 수 있도록 지도한다.

④ 두 사람씩 짝을 지어 대화문을 연습해 보게 한다. 역할을 바꾸어 가면서 연습하도록 지도하여 반복적인 연습이 지루해지지 않도록 주의한다.

지도 tip

누적 반복식 연습은 언어를 배우는 과정에서 빠져서는 안 될 중요한 방법이다. 교사는 항상 새로이 학습한 내용과 이미 학습한 내용을 연결 지어 연습하는 기회를 제공할 수 있어야 한다.

이번 단원의 본문 내용은 '今天', '明天', '星期三', '星期天' 등의 요일 표현이나 '一点', '两点' 등의 시간 표현을 함께 사용할 수 있으며, "你几点去学校?" 등과 같이 응용하여 연습할 수 있다.

이러한 과정은 학생들로 하여금 학습했던 내용을 더 잘 기억하고 이해할 수 있게 도와 준다. 뿐만 아니라 학습한 내용이 다양한 형태로 실제 의사소통에서 사용할 수 있는 유용한 것임을 인식하게 해 주어서 후속 학습에 긍정적인 태도를 가질 수 있게 한다.

⑤ 간체자만 보고 본문을 읽는 연습을 한다.

보충

한어병음 표기 규칙

수업을 하면서 한어병음을 쓸 때 어떤 글자가 어떤 발음으로 읽히는지를 알려주고자 각각의 한자 아래에 한어병음을 적어 주는 경우가 있다. 이는 어린 학생들의 이해를 돕기 위한 방법이기는 하지만 각 글자에 해당하는 한어병음을 띄어쓰는 것은 한어병음 표기의 기본적인 규칙에는 어긋나는 방법이므로 한어병음 표기의 기본 규칙을 최대한 숙지하여 활용하도록 한다.

한어병음 표기의 기본적인 규칙은 다음과 같다.

1. 한어병음 표기는 단어 단위의 표기를 기본으로 한다.
   예 好 hǎo | 非常 fēicháng | 老师 lǎoshī | 巧克力 qiǎokèlì | 图书馆 túshūguǎn | 哪儿 nǎr
2. 하나의 뜻을 나타내는 2음절 또는 3음절의 구조는 하나의 단어처럼 붙여서 표기한다.
   예 吃得饱 chīdebǎo | 对不起 duìbuqǐ
3. 하나의 뜻을 나타내는 4음절 이상의 명칭은 그 음절을 구성하는 단어나 어절을 구분하여 띄어 쓰고, 만약 구분할 수 없는 경우에는 하나로 붙여서 표기한다.
   예 环境保护计划 huánjìng bǎohù jìhuà | 中华人民共和国 Zhōnghuá Rénmín Gònghéguó | 研究生院 yánjiūshēngyuàn
4. 단음절 단어의 중첩형은 이어 쓰지만, 2음절 단어의 중첩형은 띄어서 표기한다.
   예 人人 rénrén | 看看 kànkan | 红红的 hónghóng de | 研究研究 yánjiū yánjiū | 雪白雪白 xuěbái xuěbái
5. 중첩형이 병렬된 AABB 구조는 가운데에 횡선(-)을 사용하여 AA-BB로 표기한다.
   예 来来往往 láilai-wǎngwǎng | 家家户户 jiājiā-hùhù | 清清楚楚 qīngqing-chǔchǔ
6. 읽고 이해하기 쉽도록 의도적으로 횡선을 사용하여 한어병음을 표기하기도 한다.
   예 环保 huán-bǎo(环保 - 环境保护) | 十七八岁 shíqī-bā suì | 中小学 zhōng-xiǎoxué

학생들에게 한어병음 표기의 기본 규칙을 자세히 설명하기보다는 도서관, 학교 등과 같이 하나의 단어는 한어병음도 하나로 붙여서 써야 한다는 정도만 이해시키면 충분하다. 그러나 학생들이 항상 교사의 판서를 보고 중국어를 익히므로 교사는 기본적인 규칙을 숙지하고 평소에 틀리는 표기가 없는지 스스로 주의할 필요가 있다.

3. 문장 듣고 해석하기

교사가 읽어 주는 내용을 듣고 우리말로 해석하게 한다.

4. 해석 듣고 중국어 문장으로 말하기

① 실제 대화하는 것처럼 자연스럽게 말하도록 지도한다.

② 짝과 함께 회화 내용을 연습하고, 역할을 바꾸어 반복 연습하도록 지도한다.

마무리하기

1. 학습 내용 정리

학습 내용을 다시 한 번 확인한다. 멀티 CD 회화 애니메이션의 자막을 변경해 가며 회화 내용을 확실히 익혔는지 확인해 볼 수 있다.

2. 과제 부여

① 본문을 세 번씩 큰 소리로 읽어 오게 한다.

② 짝과 함께 역할을 분담하여 대화하는 연습을 해 오게 한다.

3차시 50~51쪽

学一学 차근차근 익혀봐요

'哪儿'은 '어디'라는 뜻으로 장소를 물을 때 사용합니다.

你去哪儿?
Nǐ qù nǎr?
너 어디 가니?

我去丽丽家。
Wǒ qù Lìli jiā.
나는 리리네 집에 가.

学校 xuéxiào 학교
医院 yīyuàn 병원
洗手间 xǐshǒujiān 화장실

* '哪儿'이 들어간 문장에는 '吗'를 사용하지 않아요.

'不'는 '~가 아니다'라는 뜻입니다. 원래 제4성이지만, '不' 뒤에 제4성의 단어가 올 경우에는 '不'를 제2성으로 발음해요.

我不去。
Wǒ bú qù.
나는 안 가.

做 zuò 하다, 만들다
看 kàn 보다

50 4과

학습 목표

- '哪儿'을 사용하여 장소를 묻고 답할 수 있다.
- '不'의 성조가 뒤 음절에 따라 변화함을 이해할 수 있다.

수업 준비물

교재, 음성 자료

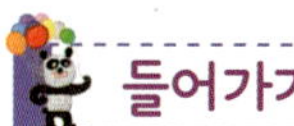

들어가기

1. 지난 시간 복습
   ① 과제를 확인한다.
   ② 지난 차시 학습 내용을 확인한다.
   본문 내용을 문답식으로 확인하거나, 상황에 맞는 그림 또는 PPT 자료를 활용하여 확인할 수도 있다.

2. 새로 배울 내용 소개
   ① 학습 목표를 소개한다.
   ② 주제와 관련된 내용을 소개한다.

펼치기

学一学 차근차근 익혀봐요

1. '哪儿'을 사용하여 장소 묻고 답하기
   ① 녹음을 듣고 정확한 발음으로 따라 읽도록 지도한다.
   ② 새 단어의 의미를 확인하고 문장으로 연습해 본다.
   ③ 제시된 문장을 교사와 학생이 번갈아 읽어 본다.

> 你去哪儿? 너 어디 가니?
> 我去丽丽家。 나는 리리네 집에 가.
>
> 밑줄 친 부분을 바꿔서 말해봐요!
> 我去学校。 나는 학교에 가.
> 我去医院。 나는 병원에 가.
> 我去洗手间。 나는 화장실에 가.

지도 tip

'洗手间 xǐshǒujiān'의 앞 두 음절은 모두 제3성이다. 따라서 맨 앞에 위치한 제3성은 제2성으로 발음한다. 교사는 학생들이 제3성의 성조 변화 규칙을 떠올리며 제2성+반3성+제1성으로 읽을 수 있도록 주의하여 지도한다.

2. '不'의 성조 변화
   ① 녹음을 듣고 정확한 발음으로 따라 읽도록 지도한다.
   ② 새 단어의 의미를 확인하고 문장으로 연습해 본다.
   ③ 제시된 문장을 교사와 학생이 번갈아 읽어 본다.

> 我不去。 나는 안 가.
>
> 밑줄 친 부분을 바꿔서 말해봐요!
> 我不做。 나는 안 해. (나는 안 만들어.)
> 我不看。 나는 안 봐.

◆ '不'의 성조 변화는 대화할 때 성조의 연결을 부드럽게 하기 위해 일어나는 현상이며, 만약 성조의 변화 없이 읽는다면 발음이 어렵고 어색해짐을 설명한다. '不'가 제2성으로 변화하는 경우의 예시를 추가로 들어 주고, 반대로 제4성으로 그대로 읽는 경우도 함께 찾아본다. 먼저 예시를 들려 주고 학생들 스스로 '不'의 성조가 뒤에 오는 성조에 따라서 어떻게 다른지 찾아보게 할 수도 있다. 또는 교사가 '不'의 성조 변화에 대해 설명을 해 준 후 예시를 활용하여 연습하면서 그 규칙을 확인하는 방식으로 지도할 수도 있다. 무조건 암기하게 하는 것보다는 변화의 규칙을 이해하게 한다.

지도 tip

'不'의 성조 변화를 보다 자연스럽고 빠르게 익힐 수 있도록 간단한 게임을 활용해 연습할 수 있다.
예를 들어 교사가 긍정형의 동사(去)를 말하면, 학생들은 부정형(不去)으로 바꾸어 표현하고, 반대로 교사가 부정형의 동사(不去)를 말하면, 학생들은 긍정형(去)으로 바꾸어 표현하도록 한다.
처음에는 동사만 이야기하다 점차 난도를 높여 문장으로 말할 수도 있다.

예 我去书店 → 我不去书店
我不去书店 → 我去书店

练一练 재미있게 연습해요

1 잘 듣고 녹음과 발음이 일치하면 ○표, 일치하지 않으면 ×표를 해 보세요.

(1) láoshī (2) rèqíng

(3) lángdú (4) lěngdòng

2 잘 듣고 녹음과 일치하는 성모를 빈칸에 쓰고, 성조를 표기해 보세요.

(1) u üguan (2) ǐshou ian

3 잘 듣고 녹음과 일치하는 장소 스티커를 붙이고 한어병음을 써 보세요.

(1) Lìli (2) Dōnghǎi

我去书店。 51

练一练 재미있게 연습해요

1. 녹음과 발음이 일치하는지 판단하기

① 녹음을 들려준 후, 문제를 풀게 한다.
② 정답을 확인하고, 문제 풀이를 한다.
③ 녹음을 다시 한 번 듣고 따라 읽게 한다.

녹음대본

(1) lǎoshī 老师 선생님　　(2) rèqíng 热情 친절하다
(3) lǎngdú 朗读 낭독하다　　(4) lěngdòng 冷冻 얼게 하다

[정답] (1) ×　(2) ○　(3) ×　(4) ○

◆ 'l', 'r'가 포함된 단어를 활용해 성조를 정확히 구분할 수 있는지 확인하기 위한 문제이다. 학생들이 발음하기 어려워하거나, 혼동하는 발음을 중점적으로 지도한다.

2. 녹음과 일치하는 성모 쓰고, 성조 표기하기

① 녹음을 들려준 후, 문제를 풀게 한다.
② 정답을 확인하고, 문제 풀이를 한다.
③ 녹음을 다시 한 번 듣고 따라 읽게 한다.

녹음대본

(1) túshūguǎn 图书馆 도서관
(2) xǐshǒujiān 洗手间 화장실

◆ 학생들이 어려워하면 처음 들려줄 때는 성모만 쓰게 하고, 두 번째 들려줄 때는 성조만 주의해서 듣고 표시하도록 지도한다.

[정답] (1) túshūguǎn　(2) xǐshǒujiān

3. 녹음과 일치하는 장소 스티커 붙이고 한어병음 쓰기

① 문장을 잘 듣고 알맞은 스티커를 붙인 후, 한어병음을 쓰게 한다.
② 정답을 확인하고, 문제 풀이를 한다.
③ 큰 소리로 문장을 읽어 보게 한다.

녹음대본

(1) 丽丽去学校。Lìli qù xuéxiào. 리리는 학교에 가요.
(2) 东海回家。Dōnghǎi huíjiā. 동해는 집에 가요.

[정답] (1)

xuéxiào

(2)

huíjiā

교재의 연습문제를 학습한 후, 워크북 문제를 함께 풀어 볼 수 있다. 워크북을 푸는 과정을 통해 학생들에게는 학습한 내용을 한 번 더 확인하는 기회를 제공하고, 교사는 학생들의 이해 정도를 파악하여 필요한 지도를 보충하거나 다음 수업의 난이도를 조정할 수 있다. 워크북의 모든 문제를 풀어 볼 수도 있지만, 필요에 따라 교사가 취사선택하여 풀어 볼 수도 있다.

마무리하기

1. 학습 내용 정리

① 学一学에서 학습한 내용을 정확히 이해했는지 확인한다.
② 연습문제에서 학생들이 자주 오류를 범하는 내용에 대해 다시 한 번 정리한다.

2. 과제 부여

이번 시간에 학습한 내용을 자연스럽게 표현할 수 있도록 연습해 오게 한다.

학습 목표

- 다양한 장소 표현을 익히고 어디에 있는지 중국어로 묻고 답할 수 있다.
- 장소 이름 말하기 게임을 통해 중국어 표현 능력을 향상시킬 수 있다.

수업 준비물

교재, 멀티 CD

들어가기

1. 지난 시간 복습
   ① 과제를 확인한다.
   ② 学一学에서 다룬 표현을 함께 읽어 보거나 간단한 질문을 통해 복습한다.

2. 새로 배울 내용 소개
   ① 학습 목표를 소개한다.
   ② 주제와 관련된 내용을 소개한다.
   힌트를 통해 다양한 장소를 맞춰 보게 하거나, 어제 또는 주말에 다녀온 곳이 있는지 물어 본다.

펼치기

高一高 실력을 쑥쑥 키워요

- 다양한 장소 표현 익히기
  ① 교사는 장소 명칭을 중국어로 들려주고, 학생들이 교재를 보지 않고 장소 명칭을 유추하여 맞춰 보게 한다.
  ② 녹음을 듣고 정확한 발음으로 함께 따라 읽도록 지도한다.

> 胖胖在哪儿? 팡팡이는 어디에 있니?
> 胖胖在公园。 팡팡이는 공원에 있어.
>
> 장소를 넣어 대답해 보세요!
> 胖胖在文具店。 팡팡이는 문구점에 있어.
> 胖胖在运动场。 팡팡이는 운동장에 있어.
> 胖胖在邮局。 팡팡이는 우체국에 있어.
> 胖胖在超市。 팡팡이는 슈퍼마켓에 있어.

  ③ 교재를 보며 학생 스스로 읽어 보게 한다.
  ④ 학습한 단어를 활용하여 짝과 함께 장소를 묻고 답하는 연습을 해 보도록 한다.
  ◆ 교재에 제시된 문장이 익숙해지면 동사 '在'를 '去'로 바꾸어 말해 보는 연습을 하는 것도 좋은 방법이다.

보충

다양한 장소 명칭

교재에 다루고 있는 단어 외에도 아래의 장소 명칭들을 추가학습 할 수 있다. 매 차시에 학습한 내용을 정확하게 이해하는 것이 가장 중요하며 추가적인 학습은 반드시 학생의 이해 정도와 중국어 수준을 감안하여 진행한다.

百货商店 bǎihuòshāngdiàn 백화점 | 便利店 biànlìdiàn 편의점 | 博物馆 bówùguǎn 박물관 | 补习班 bǔxíbān 학원 | 餐厅 cāntīng 식당 | 饭馆 fànguǎn 식당 | 食堂 shítáng 구내 식당 | 超市 chāoshì 슈퍼마켓 | 地铁站 dìtiězhàn 지하철역 | 电影院 diànyǐngyuàn 영화관 | 动物园 dòngwùyuán 동물원 | 警察局 jǐngchájú 경찰서 | 面包店 miànbāodiàn 빵가게 | 文具店 wénjùdiàn 문구점 | 药店 yàodiàn 약국 | 银行 yínháng 은행

학생들의 일상생활과 직접적인 연관이 있는 학교 내 장소를 다뤄줄 수도 있다.

办公室 bàngōngshì 교무실 | 保健室 bǎojiànshì 보건실, 의무실 | 操场 cāochǎng 운동장 | 教室 jiàoshì 교실 | 体育馆 tǐyùguǎn 체육관

玩一玩

신나게 놀아 봐요

장소 이름 말하기!

하나. 이번 과에서 배운 단어를 참고해서 개인 혹은 조별로 장소를 하나씩 선택해요.

두울. 아래 그림처럼 박수를 치며 개인 혹은 각 조가 맡은 장소를 소개해요.
"아이 엠 그라운드 자기소개 하기~"

세엣. 소개가 끝나면 한 팀씩 돌아가며 게임을 진행해요. 3번째 박자에서 다른 팀의 장소를, 4번째 박자에서는 1~4의 숫자를 중국어로 말합니다.

네엣. 호명된 팀은 불려진 숫자만큼 자신이 맡은 장소 이름을 박자에 맞춰 말합니다.

• 105쪽 활동 자료를 활용해서 친구들과 장소 묻고 답하기 표현을 연습해 보세요.

玩一玩 신나게 놀아 봐요

• 장소 이름 말하기

'아이 엠 그라운드'라고 부르는 간단한 게임을 통해 장소 표현을 반복해서 말해 보고 익힐 수 있도록 한다.

지도 tip

학교 주변의 장소를 활용하여 우리동네 지도를 함께 그려볼 수 있다. 사전에 별다른 준비 없이 무작정 활동을 진행하면 수업 시간을 효율적으로 사용하지 못하는 경우가 있다. 따라서 활동에 앞서 교사는 미리 지도 그리기에 필요한 준비물에는 어떤 것들이 있는지, 활동은 조별로 진행할 것인지 개인별로 진행할 것인지, 몇 차시에 걸쳐 활동을 마무리할 것인지 등 진행과 관련된 여러 경우의 수를 생각해 두어야 한다.
우리 학교 주변에 대해 이야기를 나눠 보고, 그 중에서 우리가 배운 장소 단어들을 활용할 수 있는 곳이 있는지 함께 살펴본 후, 필요한 단어들은 다음 시간에 함께 배워보기로 한다.
학생들의 이해를 돕기 위해 미리 학교 주위의 사진을 찍어서 화면으로 준비하거나, 포털 사이트 지도 서비스, 구글 위성 지도 등을 활용할 수 있다.
인터넷에서 지도 그리기와 관련된 다른 학생들의 작품을 찾아보고 참고 목적으로 보여줄 수도 있다. 단, 고학년의 경우에는 학생 자신만의 상상력을 십분 발휘하여 개성 있는 우리 반 작품으로 완성하는 것이 의미 있는 과정이므로 너무 많은 참고 자료를 제시하기보다는 친구들과 열심히 논의하고 고민하며 결과물을 만들어낼 수 있도록 지도하는 것이 바람직하다.
지도를 꾸민 후에는 학생들이 한자로 그 장소에 해당하는 중국어를 쓰게 할 수도 있고, 저학년의 경우에는 한어병음으로 표기할 수도 있다. 완성된 지도를 보면서 장소 표현을 다시 한 번 복습하는 기회를 제공해야 함을 잊지 않도록 한다.

마무리하기

1. 학습 내용 정리

① 학습한 표현을 우리말로 제시하고 이를 중국어로 말해 보게 한다.

② 다양한 장소를 나타내는 사진을 제시하고 중국어로 대답하게 한다.

2. 과제 부여

일상생활에서 지나치는 장소들을 중국어로 말해 보는 연습을 하게 한다.

5 梨多少钱? 배는 얼마예요?

단원 소개 및 학습 내용

중국에는 어떤 특색있는 과일이 있는지 알아보고, 중국인들이 즐겨 먹는 과일을 살펴본다. 또 물건의 가격을 묻고 답하는 표현을 배우고, 사물을 세는 단위인 양사와 중국의 화폐 단위를 익힌다.

단원 학습 목표

1. 성모 j, q, x, z, c, s를 포함한 발음을 정확하게 할 수 있다.
2. 물건의 가격을 묻고 답할 수 있다.
3. 양사 '个', '斤'을 사용하여 말할 수 있다.

단원 지도 계획

차시	교재 범위	학습 단계	학습 내용
1	54~57쪽	문화	중국에서 꼭 맛봐야 하는 과일!
		발음	성모 j, q, x, z, c, s와 운모의 결합
		새 단어	본문 새 단어 학습 쓰기 연습 (多少, 钱)
2	58~59쪽	회화	가격 묻고 답하기
3	60~61쪽	교체 연습	가격 묻고 답하기 양사 '个', '斤'
		연습 문제	발음 및 본문 내용 관련 문제 풀기
4	62~63쪽	확장 연습	중국의 화폐
		활동	숨은 과일 찾기

1차시

54~57쪽

학습 목표

- 중국의 특색있는 과일을 살펴본다.
- 성모 j, q, x, z, c, s와 운모를 결합하여 발음할 수 있다.
- 새 단어의 발음과 뜻을 익히고, 획순에 맞게 쓸 수 있다.

수업 준비물

교재, 멀티 CD, 단어 카드

들어가기

1. 지난 시간 복습

① 방과후나 주말에 자주 가는 장소에 대해 자유롭게 발표해 보게 한다. 이때 중국어로 표현할 수 있는 것들은 중국어로 말해 보게 한다.

② 본문을 읽어 보거나, 장소를 묻고 답하는 표현을 문답식으로 확인하며 지난 차시 학습 내용을 확인한다.

2. 새로 배울 내용 소개

① 그림과 문화 내용을 살펴보면서 이번 단원에서 배울 내용이 무엇인지 유추해 보게 한다.

◆ 그림에 어떤 과일들이 있는지 이야기해 보고, 가운데 보이는 빨간색 과일은 무엇이며, 어떤 맛일지 등에 대해 추측해 보게 한다. 자연스럽게 이번 단원에서 다양한 과일을 배울 것임을 예고한다.

② 새로운 내용을 학습하기에 앞서 가볍게 발음 연습을 하고, 본문 학습 이전에 새 단어를 익혀 보는 시간임을 알려 준다.

펼치기

· 문화 소개: 중국에서 꼭 맛봐야 하는 과일

① 중국인이 즐겨먹는 과일이나, 과일을 이용한 간식의 사진 자료를 보여 준다.

◆ 제4과 문화 소개에서 다루었던 '왕푸징'의 꼬치거리에서 탕후루와 다양한 종류의 간식들을 팔고 있음을 언급해 주어 자연스럽게 지난 시간의 학습 내용을 상기시킨다.

② 본문의 문화 내용을 함께 읽어 본다.

③ 이번 과에서 배우는 내용과 연관이 있음을 언급하고 수업을 시작한다.

> **보충**
>
> **리쯔(荔枝 lìzhī)**
>
> 비늘 모양의 껍질이 울퉁불퉁하게 돌출되어 있는데 다 익으면 붉은 색을 띈다. 단단한 씨를 감싸고 있는 과육은 신선할 때 반투명한 흰빛을 띠며 독특한 향을 풍긴다. 리쯔는 향긋한 맛과 풍부한 과육 때문에 많은 사람들의 사랑을 받고 있으며, 중국 남방지역에서는 과일의 왕이라고도 불린다. 그러나 다양한 효능을 자랑하는 리쯔는 쉽게 상하고 저장이 어렵다는 취약점을 가진다. 당 현종의 애첩이던 양귀비가 이 리쯔를 특별히 좋아했다고 하는데 '말도 백성도 지쳐 숨이 끊어질 무렵 양귀비의 입안에는 리쯔 향내가 가득하다'라는 이야기가 전해진다. 리쯔가 상하지 않도록 백성들은 얼음 상자에 리쯔를 넣어 등에 지고 며칠을 쉬지 않고 말을 타고 달려와서 바쳤다고 한다. 심지어 리쯔의 신선도를 완벽하게 유지를 위해서 리쯔 나무를 뿌리째 뽑아서 가져왔다는 이야기도 있다.

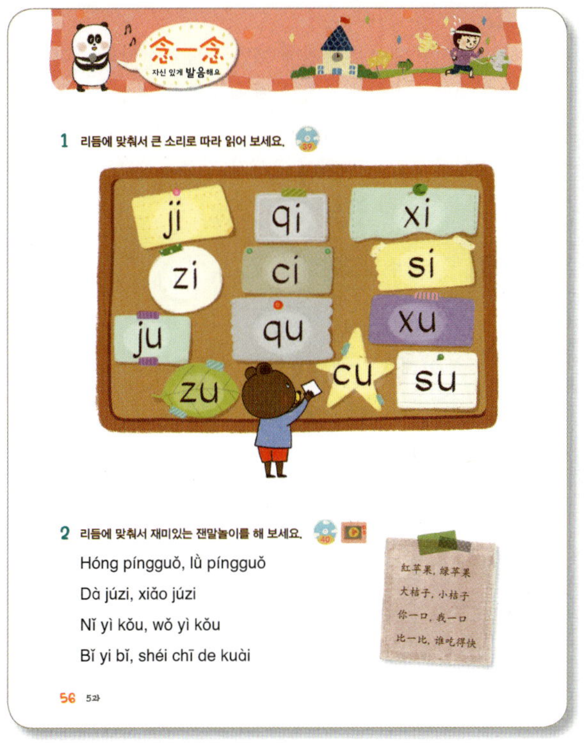
念一念 자신 있게 발음해요

1 리듬에 맞춰서 큰 소리로 따라 읽어 보세요.

2 리듬에 맞춰서 재미있는 잰말놀이를 해 보세요.

Hóng píngguǒ, lǜ píngguǒ
Dà júzi, xiǎo júzi
Nǐ yì kǒu, wǒ yì kǒu
Bǐ yi bǐ, shéi chī de kuài

56 5과

하미과(哈密瓜 hāmìguā)

멜론과 유사한 과일로, 껍질은 멜론처럼 울퉁불퉁한데 속은 주황빛을 띤다. 수분이 많으며 당도가 높은 과일로, 옛날에는 황제의 진상품이었다고 한다. 우루무치를 비롯한 신장 일대는 중국 전역에서 가장 맛 좋은 하미과가 자라는 산지이다.

念一念 자신있게 발음해요

1. 발음 연습

① 녹음을 들려 주고 따라 읽게 한다.

② 쉽게 틀리는 발음이 무엇인지 파악하고 교정해 준다.

◆ 'j', 'q', 'x'는 우리말에도 비슷한 발음이 있기 때문에 학생들이 그다지 어렵게 여기지는 않지만, 완전히 동일한 발음은 아니기 때문에 주의하여 지도한다. 'j', 'q', 'x' 뒤에 'ü'가 오면 발음은 변하지 않지만 표기는 'u'로 바뀜을 다시 한 번 상기시킨다. 저학년에게는 너무 자세한 설명은 피하고 발음 위주로 연습시킨다.

'z', 'c', 's'는 혀끝을 윗니 부근에 가볍게 대고 살짝 떼며 공기를 마찰시켜 내는 설치음(舌齿音, 이 뒤 혀끝소리)이다. 각각 우리말 'ㅉ', 'ㅊ', 'ㅆ'의 발음과 비슷한데, 혀를 쯧쯧-하고 차는 시연을 통해 'z', 'c', 's'가 발음되는 위치를 쉽게 이해하도록 도와줄 수 있다.

'z', 'c', 's' 발음은 학생들이 큰 어려움을 느끼지 않지만 단운모 'i'와 결합할 때 운모의 발음을 종종 '이'로 잘못하는 경우가 있으므로 주의하여 지도한다.

③ 우리말에 없는 발음 또는 영어와 표기는 같지만 발음이 다른 경우는 특히 주의하여 집중적으로 연습할 수 있도록 한다.

2. 잰말놀이

본 과의 잰말놀이는 혼동하기 쉬운 중국어 발음 중 'j', 'q', 'x', 'z', 'c', 's'를 집중적으로 연습하기 위한 것이다. 잰말놀이를 통해 중국어 발음에 익숙하지 않은 학생들이 흥미를 갖도록 할 수 있다. 처음에는 천천히 읽게 하고, 성취도에 따라서 점차 빠르게 읽을 수 있도록 지도한다. 잰말놀이를 연습하는 과정에서 단어의 학습이 자연스럽게 진행될 수는 있지만, 교사가 의도적으로 단어 및 문형 학습에 비중을 두지 않도록 한다. 학생들이 중국어 발음을 정확하고 자연스럽게 연습하면서 어감을 느낄 수 있도록 지도한다.

① 리듬에 맞춰 가볍게 따라 읽게 한다.

② 부정확하거나 쉽게 틀리는 발음이 무엇인지 파악하고 교정해 준다.

③ 연습 정도에 따라 속도를 조절하여 능숙하게 발음할 수 있도록 지도한다.

보충

鞋子和茄子 xiézi hé qiézi

一个孩子， yí ge háizi,
한 아이가,

拿双鞋子， ná shuāng xiézi,
신발 한 켤레를 들고 가는데,

看见茄子， kànjiàn qiézi,
가지를 발견하고는,

放下鞋子， fàngxià xiézi,
신발을 내려놓고,

去拾茄子， qù shí qiézi,
가지를 주우러 가더니,

忘了鞋子。 wàng le xiézi.
신발은 잊어 버렸네.

三石山 sānshí shān

我家住在三石山。 Wǒ jiā zhùzài sānshí shān.
우리 집은 삼석산에 있어요.

山前山后三座山。 Shān qián shān hòu sān zuò shān.
산 앞과 산 뒤에는 세 개의 산이 있어요.

山下有座水电站， shān xià yǒu zuò shuǐdiànzhàn,
산 아래에는 수력발전소가 있고,

山上大树三丈三。 shānshàng dàshù sān zhàng sān.
산 속에 있는 큰 나무는 3장(丈)이 넘어요.

'신발과 가지'는 『신나는 어린이 중국어 ① 교사용 지도서』 49페이지에도 제시되었던 잰말놀이로 설면음(j, q, x)의 연습에 매우 유용하고, 아래의 '삼석산' 잰말놀이는 권설음(zh, ch, sh, r)과 설치음(z, c, s)을 연습하기에 유용하다. '신발과 가지'를 먼저 연습한 후 '삼석산'을 연습하여 난도를 점차 높여가도록 한다. 설면음(j, q, x), 권설음(zh, ch, sh, r), 설치음(z, c, s)은 학생들이 혼동하기 쉬운 발음이므로 처음에는 정확한 발음을 구사할 수 있도록 천천히 연습하고, 어느 정도 익숙해지면 리듬을 타며 점차 빠른 속도로 연습하도록 순차적으로 지도한다.

学生词 새 단어를 배워봐요

1 새 단어를 큰 소리로 따라 읽어 보세요.

梨 lí 배
多少 duōshao 얼마, 몇
钱 qián 돈
个 ge 개[물건·사람을 세는 단위]
块 kuài 위안[중국 화폐 단위]
葡萄 pútáo 포도
斤 jīn 근[무게의 단위]

2 획순에 주의하여 올바르게 한자를 써 보세요.

多少 duōshao 얼마, 몇	ノ ク タ 多 多 多　丨 ⺌ 小 少
钱 qián 돈	ノ 𠂉 ⺈ 𠫓 钅 钅 钅 钱 钱 钱

梨多少钱? 57

学生词 새 단어를 배워봐요

1. 어휘 학습

① 녹음을 듣고 큰 소리로 따라 읽게 한다.

② 단어의 의미와 주의해야 할 발음을 설명한다.

梨 lí 배

多少 duōshao 얼마, 몇

钱 qián 돈

个 ge 개[물건·사람을 세는 단위]
원래는 gè(제4성)이지만 양사일 때는 경성으로 읽는다.

块 kuài 위안[중국 화폐 단위]
중국의 화폐 단위를 나타내는 구어체 표현이다. 글이나 문서에 사용되는 문어체 표현으로는 元(yuán)이 있다.

葡萄 pútáo 포도
'葡萄'는 'pútáo'로 한어병음 표기가 되어있으나 실제는 'pútao'로 발음하는 단어이다. 이처럼 실제 발음과 사전에 표기된 성조가 다른 단어들은 교사가 수업 현장에서 학생들을 지도할 때 불편함을 준다. 최근 모호한 단어들에 대한 정리 작업이 중국에서 꾸준히 진행되고 있으므로 머지 않아 확실한 기준점이 확립될 것으로 기대한다.

斤 jīn 근[무게의 단위]
중국에서 과일은 보통 근(斤)으로 판매한다. 우리나라에서는 육류는 600g, 채소류는 375g이 한 근이지만, 중국에서는 한 근은 모두 500g을 뜻한다.

③ 녹음을 다시 듣고 따라 읽게 한다.

2. 쓰기 연습

① 교사는 제시된 단어를 칠판에 쓰면서 획순을 알려 준다.

② 획순에 주의하여 학생 스스로 써 보도록 한다.

③ 학생들이 잘못 쓰는 글자를 다시 한 번 짚어 준다.

④ 학생이 칠판 앞으로 나와서 교사가 지정해 준 한자를 필순에 맞게 써 보고 발음해 보도록 한다.

多 부수 夕 총 6획

- 위에서 아래로 쓴다.
- 夕를 위 아래로 나란히 균형감 있게 쓴다.

ノ ク タ 多 多 多

少 부수 小 총 4획

- 가운데 획을 먼저 쓴다.
- 대칭이 되는 점을 왼쪽 오른쪽 순으로 쓴다.
- 삐침획을 쓴다.

丨 ⺌ 小 少

钱 부수 钅 총 10획

- 왼쪽에서 오른쪽으로 쓴다.
- 9번째 획은 오른쪽 위에서 왼쪽 아래 방향으로 쓴다.
- 오른쪽 위의 점은 가장 마지막에 찍는다.

ノ 𠂉 ⺈ 𠫓 钅 钅 钅 钱 钱 钱

참고 사이트

http://www.234.cn/yuertong/szyx/
→ 숫자 익히기와 관련된 다양한 게임을 할 수 있다.

http://www.123qibu.com/?k=906a4694
→ 숫자 익히기와 관련된 다양한 게임을 할 수 있다.

마무리하기

1. 학습 내용 정리

수업 내용에 관한 질문을 통해 학생들의 이해도를 점검한다. 학생들이 특히 어려워하는 부분이 어디인지 확인하고, 다시 한 번 짚고 넘어간다.

2. 과제 부여

① 본서 56쪽의 '발음 연습'과 '잰말놀이'를 큰 소리로 읽는 연습을 해 오도록 한다.

② 학습한 단어의 뜻과 한어병음이 익숙해질 수 있도록 멀티 CD(TRACK 41)를 반복해서 듣고 오게 한다.

2차시 58~59쪽

학습 목표

- 과일의 가격을 물을 수 있다.
- 양사를 활용하여 과일의 가격을 답할 수 있다.

수업 준비물

교재, 멀티 CD

들어가기

1. 지난 시간 복습

① 과제를 확인한다.
② 그림 자료나 PPT 등의 시각 자료를 활용하여 지난 차시에 다룬 문화 관련 내용을 확인한다.

2. 새로 배울 내용 소개

① 학습 목표를 소개한다.
② 본문의 그림을 보고 어떤 상황인지 유추해 보도록 한다.

펼치기

一起说 친구들과 대화해요

1. 단어 확인하기

① 단어 카드를 활용하여 지난 시간에 학습한 단어를 읽어 보게 한다. 멀티 CD의 단어 플래시를 활용하여 단어를 복습할 수도 있다.
② 교사가 중국어로 단어를 제시하면 학생들은 우리말로 그 단어의 뜻을 말한다.
③ 학생들이 단어의 뜻을 정확하게 이해했다면, 교사는 학생들에게 우리말로 단어를 제시하고 중국어로 대답해 보게 한다.

2. 녹음 듣고 문장 연습하기

① 녹음을 들려 주고 따라 읽게 한다.
② 문장 단위로 따라 읽게 하고 해석한다.

본문 해석

大卫	梨多少钱? 배는 얼마예요?
老板	一个三块。 한 개에 3위안이에요.
大卫	葡萄多少钱? 포도는 얼마예요?
老板	一斤十块。 한 근에 10위안이에요.

◆ 권설음 발음이 잘 안 되는 남방지역의 경우, 十와 四의 구분은 대개 성조에 의존하는 경향을 띈다. 이 때 좀 더 명확하게 숫자를 전달하기 위해 손숫자를 사용한다. 손숫자는 『신나는 어린이 중국어 ①』 제5과 64쪽에도 제시되어 있다. 학생들에게 이를 다시 한 번 상기시켜 연습할 수 있도록 한다.

③ 교재의 문장을 정확한 발음으로 읽어 보도록 한다.
④ 두 사람씩 짝을 지어 대화문을 연습해 보게 한다. 역할을 바꾸어 가면서 연습하도록 지도하여 반복적인 연습이 지루해지지 않도록 주의한다.
⑤ 간체자만 보고 본문을 읽는 연습을 한다.

지도 tip

초등학생을 대상으로 진행하는 중국어 수업에서 '읽기' 지도를 하는 것이 그리 쉽지는 않다. 특히 간체자를 보고 문장을 읽어 보라고 하는 경우는 지도에 더욱 어려움이 있다. '한자로 된 문장을 눈으로 보는 것' 그 자체에 거부감을 느끼는 학생들이 있기 때문이다. 따라서 말하기-듣기 위주로 발달한 중국어 발화 능력을 자연스럽게 문장 읽기 능력으로 연결시키는 교사의 노력이 필요하다.

문자 인식 능력을 키우려면 간단한 읽기 활동 위주의 초기 연습이 중요한데, 이 때 무조건 더 많은 추가 자료를 제공하면서 학습량을 늘리기보다는 학생들이 이미 여러 번 듣고 따라 읽어서 익숙한 본문의 문장을 연습해 부담감을 덜 느낄 수 있도록 하는 것이 바람직하다.

처음부터 한어병음을 보지 않고 읽어 보라고 요구하기보다 상용 단어의 한어병음을 지우거나 가린 후 다시 읽어 보게 한다거나, 본문에서 교사가 불러 주는 단어를 찾아 동그라미를 쳐 보도록 할 수 있다. 교사가 단어를 불러 주고 찾게 하는 과정에서 교사가 미리 단어의 품사나 문장 내 기능을 고려하여 표시 방법을 조금씩 다르게 하면 이후에 문형을 정리할 때 비교적 수월하다. 본문의 내용을 예를 들어 보자. 학생들에게 '个, 斤'을 찾아 밑줄을 긋고, 중국어 숫자 표현을 찾아 괄호를 그려 보도록 한다. 학생들의 교재에는 (一)个(三)块, (一)斤(十)块와 같은 표기가 완성될 것이다. 고학년이라면 교재를 보면서 학생들 스스로 어떤 공통점이나 규칙이 있는지를 말해 보도록 할 수 있다. 이런 방식은 어떤 내용을 제시할 때 공식처럼 정리하는 '公式法'의 한 종류라고도 볼 수 있다. 다음 차시의 学一学에서 양사에 대한 간단한 언급이 있는데, 그 부분에서 함께 연계하여 기억을 도와줄 수도 있다.

개별 단어에서 시작한 읽기 연습은 점차 구문 및 문장으로 확장시켜 진행할 수 있다. 고학년의 경우에는 교사가 단어 및 표현의 뜻을 말하면 학생들은 해당 중국어 표현의 한자를 찾아서 표시하도록 할 수 있고, 저학년의 경우에는 교사가 중국어로 단어나 표현을 불러 주면 학생들은 해당 한자를 찾게 하는 식으로 난이도를 조절하여 학생들의 읽기 능력 향상에 도움을 준다.

보충

양사

아래 소개하는 양사들은 자주 사용되는 양사가 아니지만 본문의 그림과 관련된 것이다. 따라서 필요한 경우에 제한적으로 언급하는 것으로 충분하다.

① 颗 kē 알, 방울[둥글고 작은 알맹이 모양과 같은 것을 세는 단위]
예 两颗葡萄 liǎng kē pútáo 포도 두 알
一颗珠子 yì kē zhūzi 구슬 한 알
一颗黄豆 yì kē huángdòu 콩 한 알

② 串(儿) chuàn(r) 꿰미, 송이, 줄[꿴 물건을 세는 단위]
예 一串(儿)葡萄 yí chuàn(r) pútáo 포도 한 송이
一串(儿)珠子 yí chuàn(r) zhūzi 구슬 한 꿰미

3. 문장 듣고 해석하기

교사가 읽어 주는 내용을 듣고 우리말로 해석하게 한다.

4. 해석 듣고 중국어 문장으로 말하기

① 실제 대화하는 것처럼 자연스럽게 말하도록 지도한다.
② 짝과 함께 회화 내용을 연습하고, 역할을 바꾸어 반복 연습하도록 지도한다.

지도 tip

본문 내용을 충분히 학습한 경우에는 교재를 활용하여 심화학습을 진행할 수 있다.

예를 들어 본문 그림을 살펴보면 대화문에 등장하는 배와 포도 외에도 바나나, 사과, 토마토, 귤, 수박, 복숭아, 키위, 파인애플 등의 다양한 과일이 그려져 있다. 학생들에게 본문 그림 위에 각각의 과일 가격을 자유롭게 책정하여 자신만의 상점을 꾸미도록 하고, 짝과 함께 가격을 묻고 답하는 표현을 연습해 보게 할 수 있다.

갑자기 어휘량이 늘어나면 학생들의 학습 의욕을 떨어트릴 수 있다. 따라서 과일 명칭을 말하지 않고도 이미 배워서 알고 있는 '这个', '那个' 등의 간단한 어휘를 활용하여 손가락으로 가리키며 말하기 연습을 진행하는 것이 어린 연령의 학생들에게 적합한 방법이다.

'这个', '那个'를 활용하여 기본 문형과 중국어 가격 표현을 충분히 연습한 후, 4차시에서 과일 이름을 추가적으로 익히도록 한다.

마무리하기

1. 학습 내용 정리

학습 내용을 다시 한 번 확인한다. 멀티 CD 회화 애니메이션의 자막을 변경해 가며 회화 내용을 확실히 익혔는지 확인해 볼 수 있다.

2. 과제 부여

① 본문을 세 번씩 큰 소리로 읽어 오게 한다.
② 중국어로 가격을 묻는 표현과 숫자 세는 연습을 충분히 해 오도록 한다.

3차시 60~61쪽

学一学 차근차근 익혀봐요

'多少钱'은 가격을 물어보는 표현입니다. '块'는 중국의 화폐 단위로, '元 yuán'이라 쓰여 있어도 말할 때는 보통 '块 kuài'라고 해요.

梨多少钱? Lí duōshao qián? 배가 얼마예요?

三块。 Sān kuài. 3위안이에요.

桃子 táozi 복숭아 2元 · 菠萝 bōluó 파인애플 7元 · 西瓜 xīguā 수박 8元

'个'는 사물이나 사람을 세는 가장 일반적인 표현입니다. '斤'은 무게의 단위로 '근'을 나타내는 표현이에요.

一个人 yí ge rén 한 사람 · 一斤苹果 yì jīn píngguǒ 사과 한 근

* 一斤= 500g

60 5과

학습 목표

- 가격을 묻고 답할 수 있다.
- 양사 '个', '斤'을 활용해 표현할 수 있다.

수업 준비물

교재, 음성 자료

들어가기

1. 지난 시간 복습

① 과제를 확인한다.

② 지난 차시 학습 내용을 확인한다.
본문 내용을 짚어 보며 문답식으로 확인하거나, 상황에 맞는 그림 또는 PPT 자료를 활용하여 확인한다.

2. 새로 배울 내용 소개

① 학습 목표를 소개한다.

② 주제와 관련된 내용을 소개한다.

펼치기

学一学 차근차근 익혀봐요

1. 가격 묻고 답하기

① 녹음을 듣고 정확한 발음으로 따라 읽도록 지도한다.

② 새 단어의 의미를 확인하고 문장으로 연습해 본다.

③ 제시된 문장을 교사와 학생이 번갈아 읽어 본다.

> 梨多少钱? 배가 얼마예요?
> 三块。 3위안이에요.
>
> 밑줄 친 부분을 바꿔서 말해봐요!
> 桃子多少钱? 복숭아가 얼마예요?
> 两块。 2위안이에요.
>
> 菠萝多少钱? 파인애플이 얼마예요?
> 七块。 7위안이에요.
>
> 西瓜多少钱? 수박이 얼마예요?
> 八块。 8위안이에요.

◆ '块'는 중국의 화폐 단위로 구어체 표현이다. 글이나 문서에 사용되는 문어체 표현으로는 '元(yuán)'이 있음을 알려 준다. 또한 '2위안'을 중국어로 표현할 때는 '二'이 아닌 '两'을 사용하여 '两块'라고 해야 함을 주의시킨다.

2. 양사 '个', '斤'을 활용한 표현

① 녹음을 듣고 정확한 발음으로 따라 읽도록 지도한다.

② 새 단어의 의미를 확인하고 큰 소리로 읽어 본다.

③ 제시된 표현을 교사와 학생이 번갈아 읽어 본다.

> 一个人 한 사람
> 一斤苹果 사과 한 근

◆ 예시는 모두 숫자 '一'로만 되어 있는데, 숫자를 바꾸어 가며 연습할 수 있도록 지도한다. 특히, '两个人', '两斤苹果' 등 '两'으로 말하는 것에 익숙해질 수 있도록 충분히 연습한다.

보충

양사(量词)

양사란 사물의 개수나 동작의 횟수를 셀 때 사용하는 단위이다. 우리말의 '개', '그루', '권', '마리', '자루' 등에 해당하는 말임을 설명한다.

口 kǒu 식구 | 位 wèi 분, 명[공경의 뜻을 포함함] | 本 běn 권 | 件 jiàn 벌[옷을 세는 단위] | 杯 bēi 잔, 컵 | 条 tiáo 가늘고 긴 사물을 세는 단위[길, 바지 등] | 张 zhāng 장[책상, 종이 등 넓고 평평한 사물을 세는 단위] | 只 zhī 마리[동물을 세는 단위] | 朵 duǒ 송이 | 棵 kē 그루 | 双 shuāng 쌍, 켤레 | 块 kuài 덩어리[고기, 케이크 등을 세는 단위] | 辆 liàng 대[차량을 세는 단위] | 瓶 píng 병 | 幅 fú 폭[그림을 세는 단위] | 支 zhī 자루, 개피 | 听 tīng 캔

지도 tip

중국어는 우리말과 마찬가지로 다양한 양사가 발달되어 있기 때문에 어떤 사물의 개수를 표현하기 위해서는 그 사물에 어울리는 정해진 양사를 사용해야 한다.
각기 다른 양사를 외워야 한다는 사실에 대해 학생들이 부담감을 느낄 수 있다. '양사'라는 용어 자체가 생소할 뿐, 우리가 평소에 사용하는 우리말의 양사들을 예로 들어(책 한 권, 나무 한 그루, 꽃 한 송이, 물 한 잔 등) 설명해 준다. 이 과정을 통해 양사 자체에 대한 부담감을 다소 없앨 수 있다. 되도록 자주 사용하는 양사를 위주로 학생들의 수준과 연령을 감안하여 적절하게 조절하며 지도해야 한다.

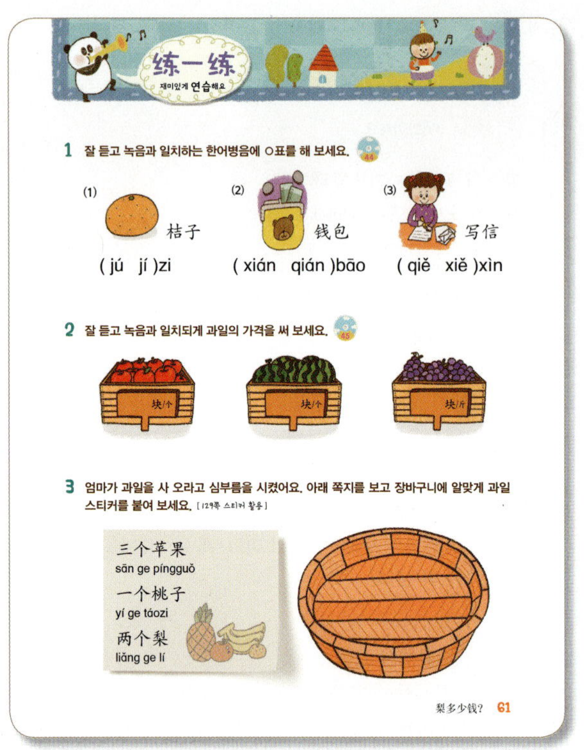
练一练 재미있게 연습해요

1 잘 듣고 녹음과 일치하는 한어병음에 ○표를 해 보세요.

(1) 桔子 (jú jí)zi
(2) 钱包 (xián qián)bāo
(3) 写信 (qiě xiě)xìn

2 잘 듣고 녹음과 일치되게 과일의 가격을 써 보세요.

块/个 块/个 块/斤

3 엄마가 과일을 사 오라고 심부름을 시켰어요. 아래 쪽지를 보고 장바구니에 알맞게 과일 스티커를 붙여 보세요. [129쪽 스티커 활용]

三个苹果 sān ge píngguǒ
一个桃子 yí ge táozi
两个梨 liǎng ge lí

梨多少钱? 61

练一练 재미있게 연습해요

1. 녹음과 일치하는 한어병음 찾기

① 녹음을 들려준 후, 문제를 풀게 한다.
② 정답을 확인하고, 문제 풀이를 한다.
③ 녹음을 다시 한 번 듣고 따라 읽게 한다.

녹음대본

(1) júzi 桔子 귤
(2) qiánbāo 钱包 지갑
(3) xiě xìn 写信 편지를 쓰다

[정답] (1) júzi (2) qiánbāo (3) xiě xìn

◆ 혼동하기 쉬운 성모 'j', 'q', 'x'를 정확하게 구분할 수 있는지 확인하기 위한 문제이다. 학생들이 발음하기 어려워하거나, 혼동하는 발음을 중점적으로 지도한다.

2. 녹음과 일치하는 가격 쓰기

① 녹음을 들려준 후, 문제를 풀게 한다.
② 정답을 확인하고 문제 풀이를 한다.
③ 과일의 가격을 큰 소리로 말해 보게 한다.

녹음대본

(1) A: 苹果多少钱? Píngguǒ duōshao qián?
사과는 얼마예요?
B: 一个五块。 Yí ge wǔ kuài.
한 개에 5위안이에요.

(2) A: 西瓜多少钱? Xīguā duōshao qián?
수박은 얼마예요?
B: 一个八块。 Yí ge bā kuài.
한 개에 8위안이에요.

(3) A: 葡萄多少钱? Pútáo duōshao qián?
포도는 얼마예요?
B: 一斤十块。 Yì jīn shí kuài.
한 근에 10위안이에요.

[정답] 5块/个, 8块/个, 10块/斤

◆ 문제를 풀어본 후, 손숫자로 표현해 보도록 한다.

3. 내용과 일치하게 스티커 붙이기

① 쪽지에 있는 내용을 읽고 스티커를 붙여 보게 한다.
② 정답을 확인하고, 문제 풀이를 한다.
③ 쪽지 내용을 다시 한 번 큰 소리로 읽어 보게 한다.

[정답]

◆ 가격을 책정하여 서로 묻고 답하는 연습을 추가적으로 진행할 수 있다.

예 A: 苹果多少钱?
B: 一个五块。
A: 三个苹果多少钱?
B: 十五块。

숫자가 들어간 문장을 말하는 것은 어린 학습자들에게 결코 쉽지 않다. 따라서 교구나 그림 자료를 다양하게 하여 지루함을 느끼지 않도록 수업을 구성하고 최대한 많이 반복하여 연습하는 것이 중요하다.

교재의 연습문제를 학습한 후, 워크북 문제를 함께 풀어 볼 수 있다. 워크북을 푸는 과정을 통해 학생들에게는 학습한 내용을 한 번 더 확인하는 기회를 제공하고, 교사는 학생들의 이해 정도를 파악하여 필요한 지도를 보충하거나 다음 수업의 난이도를 조정할 수 있다. 워크북의 모든 문제를 풀어 볼 수도 있지만, 필요에 따라 교사가 취사선택하여 풀어 볼 수도 있다.

마무리하기

1. 학습 내용 정리

① 学一学에서 학습한 내용을 정확히 이해했는지 확인한다.
② 연습문제에서 학생들이 자주 오류를 범하는 내용에 대해 다시 한 번 정리한다.

2. 과제 부여

이번 시간에 학습한 내용을 자연스럽게 표현할 수 있도록 연습해 오게 한다.

4차시 | 62~63쪽

高一高 실력을 쑥쑥 키워요

1 중국 화폐는 '人民币 Rénmínbì'라고 해요. 어떻게 읽는지 연습해 보세요.

一百块 yìbǎi kuài　五十块 wǔshí kuài　二十块 èrshí kuài

十块 shí kuài　五块 wǔ kuài　一块 yí kuài

2 팡팡이가 상점 아저씨께 "모두 얼마예요?"라고 여쭤보고 있어요. 아저씨가 말씀하신 가격을 보고 주머니에 알맞게 지폐를 붙여 보세요. [129쪽 스티커 활용]

一共多少钱?
Yígòng duōshao qián?

二十三块。
Èrshísān kuài.

★ 一共 yígòng 모두, 전부

62 5과

학습 목표

- 중국 화폐의 종류를 알고 표현할 수 있다.
- 다양한 과일 명칭을 표현할 수 있다.

수업 준비물

교재, 멀티 CD

들어가기

1. 지난 시간 복습

① 과제를 확인한다.

② 学一学에서 다룬 표현을 함께 읽어 보거나 간단한 질문을 통해 복습한다.

2. 새로 배울 내용 소개

① 학습 목표를 소개한다.

② 주제와 관련된 내용을 소개한다.

중국 화폐나 다양한 과일 사진 자료 등을 준비하여 학생들에게 보여 주고, 학습 내용을 소개한다. 실제 중국 화폐를 준비하여 학생들이 눈으로 확인하고 직접 만져 보게 하는 것도 좋은 방법이다.

펼치기

高一高 실력을 쑥쑥 키워요

- 중국 화폐 알아보기

① 중국 화폐의 이름과 종류를 소개한다.

◆ 현재 일반적으로 통용되고 있는 제5차 발행 중국 화폐 중 지폐의 앞면에는 모두 중화인민공화국의 초대 주석인 마오쩌둥(毛泽东)이 그려져 있고 뒷면에는 중국을 대표하는 명소가 그려져 있다. 중국의 지폐는 100元, 50元, 20元, 10元, 5元, 1元이 있으며 동전은 1元, 5角, 1角, 5分, 2分, 1分이 있다.

보충

'元'과 '块'

중국에서는 화폐 단위를 두 가지로 나눈다. 글말에서는 '元 - 角 - 分'으로, 입말에서는 '块 - 毛 - 分'으로 나타낸다. 1元(块)=10角(毛)=100分이다.

② 화폐 사진이나 실제 돈을 보여 주며 중국어로 발음해 본다.

③ 읽기 연습을 충분히 한 후, 새 단어 '一共 yígòng'을 학습한다.

④ 제시된 문장을 큰 소리로 읽어 본다.

A: 一共多少钱? Yígòng duōshao qián?
　모두 얼마예요?

B: 二十三块。Èrshísān kuài.
　23위안이에요.

⑤ 129쪽의 스티커를 활용하여 제시된 가격과 일치하게 지폐 스티커를 붙인다.

지도 tip

중국 화폐 모형을 준비하여 물건 사고 팔기 활동을 진행해 보는 것도 좋은 방법이다. 지도서 95쪽의 화폐 모형을 여러 장 복사해서 수업에 활용할 수 있다.

각 팀이나 개인별로 일정 금액의 중국 화폐를 나눠 주고, 가상으로 물건을 사고파는 활동을 진행한다. 보다 실제적인 연습을 위해 학생들로 하여금 사전에 집에서 더는 사용하지 않는 적당한 물건을 가져오도록 하고, 자유롭게 가격을 책정하여 서로 사고팔게 한다. 이러한 활동을 통해 학생들은 보다 실질적으로 학습한 문장을 연습해 볼 수 있고, 실제로 원하는 물건을 획득할 수도 있어 학생들의 흥미를 고취시킬 수 있다.

활동을 시작하기에 앞서 가장 많은 물건을 산 사람, 돈을 가장 많이 쓴 사람, 물건을 가장 많이 판 사람 등을 선발할 것이라고 예고함으로써 보다 적극적인 참여를 이끌어 낼 수 있다. 교사가 평소에 수업 참여도나 태도를 기준으로 도장이나 스티커를 주었다면, 향후에 시장놀이를 할 때 그 도장 혹은 스티커를 화폐로 바꿔줄 것임을 미리 이야기해 둘 수 있다. 시장놀이는 해당 과에서 반드시 진행을 할 필요는 없다. 2권의 모든 학습 과정을 마친 후 학기를 마무리하는 특별한 활동 또는 중국 문화체험 수업의 일환으로 진행할 수도 있다.

玩一玩 신나게 놀아 봐요

• 숨은 과일 찾기

① 그림에 숨어 있는 과일을 찾아 색칠하고, 찾은 과일 이름에 ○표를 하게 한다.

◆ 이를 게임 형식으로 진행해도 좋고, 어린 학습자들은 두 명씩 짝지어 한 팀이 되어 협동하며 찾아보게 해도 좋다.

② 학생들이 찾은 과일 명칭을 정확한 발음으로 읽어 보게 한다.

③ 과일 이름 말하기에 익숙해졌다면, 과일의 개수도 말해 보게 한다. 지난 차시에 학습한 양사 '个'와 '斤'을 활용한다.

보충

과일 이름

橙子 chéngzi 오렌지 | 蓝莓 lánméi 블루베리 | 李子 lǐzi 자두 | 柠檬 níngméng 레몬 | 柿子 shìzi 감 | 杏子 xìngzi 살구 | 樱桃 yīngtáo 앵두 | 猕猴桃 míhóutáo 키위 | 芒果 mángguǒ 망고 | 甜瓜 tiánguā 참외

채소 이름

大葱 dàcōng 대파 | 大蒜 dàsuàn 마늘 | 萝卜 luóbo 무 | 红萝卜 hóngluóbo 홍당무 | 红薯 hóngshǔ 고구마 | 辣椒 làjiāo 고추 | 茄子 qiézi 가지 | 土豆 tǔdòu 감자 | 西兰花 xīlánhuā 브로콜리 | 洋葱 yángcōng 양파 | 青椒 qīngjiāo 피망 | 芹菜 qíncài 미나리 | 西红柿 xīhóngshì 토마토

마무리하기

1. 학습 내용 정리

① 학습한 표현을 우리말로 제시하고 이를 중국어로 말해 보게 한다.

② 다양한 과일 사진을 제시하고 중국어로 대답하게 한다.

2. 과제 부여

자신이 좋아하는 과일이나 최근에 먹은 과일, 먹고 싶은 과일의 이름을 외워 오거나 그려 오게 한다.

지도 tip

한꺼번에 다양한 어휘를 다루는 것이 학생들에게 부담이 될 수 있으므로 학생 스스로 외우고 싶은 단어를 몇 가지 선택하여 학습하도록 할 수 있다. 중국어 수업은 대부분 교사의 주도로 진행되는데, 아주 작은 부분이라도 학생 스스로 선택하고 결정할 수 있는 기회를 제공하면 수업의 분위기가 훨씬 활기차게 바뀐다. 여기에는 최소한 자신이 좋아하는 과일 한두 개는 암기할 수 있게 하려는 목적도 있다.

자기가 선택한 과일의 중국어 표현을 정확하게 외웠다면 자투리 시간을 활용하여 그림 카드를 만들어 보게 할 수 있고, 다음 시간까지 자기가 외운 과일의 그림을 그려 오게 하는 과제를 내줄 수도 있다.

단순히 과일을 그리거나 쓰는 활동만으로 그치지 말고 자신이 먹고 싶거나 좋아하는 과일에 대해 중국어로 발표하게 할 수 있다.

교사가 간단한 사전 준비를 해서 듣기와 말하기 연습으로 진행하는 것도 좋은 방법이다. '학생들의 이름을 쓰는 칸'과 '과일 이름을 듣고 쓰는 칸'이 있는 활동지를 나눠 주고 발표를 시작한다. 발표하는 학생의 이름을 칸에 적고 그 옆 칸에는 발표자가 말한 과일의 이름을 적는다. 그림을 보여 주면서 말했다면 한어병음을 적어 보도록 할 수도 있다. 모든 학생들의 발표가 끝나면 제대로 들었는지 확인하는 과정이 반드시 필요한데, 이 때 정답 확인은 발표자 스스로가 하지 않고, 발표자 외의 학생이 자기가 들은 문장을 다시 말해 보도록 한다. 이러한 방식의 활동은 누가 어떤 친구의 정답을 말할지 모르기 때문에 모든 학생들이 활동이 마치는 순간까지 집중할 수 있다는 장점이 있다.

학생들의 그림을 모아 우리 반 친구들이 가장 많이 좋아하는 인기 과일을 뽑아 보는 활동을 할 수도 있다. 다양한 형태의 활동을 통해 학생들은 반복해서 과일의 이름을 듣거나 생각하기 때문에 자연스럽게 단어를 기억할 수 있는 학습 효과를 기대할 수 있다.

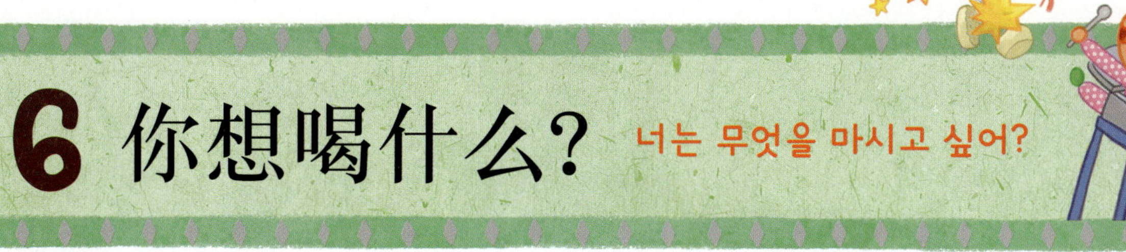

6 你想喝什么? 너는 무엇을 마시고 싶어?

단원 소개 및 학습 내용

중국을 대표하는 음식 중 하나인 만두의 종류에 대해 알아보고, 다양한 음식 이름을 익힌다. 또한 희망이나 바람을 나타내는 표현을 배우고, 동사 '喝'와 '吃'를 활용하여 마시고 싶은 것과 먹고 싶은 것을 표현한다.

단원 학습 목표

1. 운모 ei, uei, iou를 포함한 발음을 정확하게 할 수 있다.
2. '请'을 활용하여 상대방에게 권유하는 표현을 할 수 있다.
3. '想'을 활용하여 희망, 바람을 나타내는 표현을 할 수 있다.

단원 지도 계획

차시	교재 범위	학습 단계	학습 내용
1	64~67쪽	문화	열 길 물속은 알아도 한 길 만두 속은 모른다?!
		발음	운모 ei, uei, iou
		새 단어	본문 새 단어 학습 쓰기 연습 (喝, 吃)
2	68~69쪽	회화	먹고 싶거나 마시고 싶은 것 묻고 답하기
3	70~71쪽	교체 연습	'请'을 활용한 표현 익히기 '想'을 활용한 표현 익히기
		연습 문제	발음 및 본문 내용 관련 문제 풀기
4	72~73쪽	확장 연습	희망과 바람을 나타내는 표현
		활동	무엇을 먹을까? 무엇을 마실까?

1차시 64~67쪽

6 你想喝什么?
너는 무엇을 마시고 싶어?
잠깐! 속 없는 나라고 놀란 거야?
으아아악
툭!
너 누구냐!
이놈, 속을 어디다 감춘 게야?
열 길 물속은 알아도 한 길 만두 속은 모른다?!
중국은 '만두의 나라'라고 해도 될 만큼 다양한 종류의 만두가 있답니다. 물론 우리나라에도 고기나 김치 등의 속을 사용하여 만든 만두들이 있습니다. 하지만 우리나라의 만두를 상상하면서 중국에서 '만터우(馒头 mántou)'를 주문한다면 깜짝 놀랄 거예요. 중국의 만터우는 속이 비어 있는 밀가루 빵이거든요. 우리에게 익숙한 그 만두를 먹고 싶다면 '쟈오즈(饺子 jiǎozi)'를 주문해 주세요. 그리고 '만터우'와 '쟈오즈' 이외에 찐빵이나 왕만두처럼 생긴 '빠오즈(包子 bāozi)'도 있답니다.

학습 목표

- 중국을 대표하는 음식인 만두에 대해 알아본다.
- 운모 ei, uei, iou와 성모를 결합하여 발음할 수 있다.
- 새 단어의 발음과 뜻을 익히고, 획순에 맞게 쓸 수 있다.

수업 준비물

교재, 멀티 CD, 단어 카드

들어가기

1. 지난 시간 복습

① 과제를 확인한다.

자신이 좋아하는 과일이나 최근에 먹은 과일 또는 먹고 싶은 과일의 이름을 한 가지씩 중국어로 말해 보게 한다.

② 물건의 가격을 묻고 답하는 표현을 문답식으로 확인한다.

2. 새로 배울 내용 소개

① 그림을 살펴보면서 이번 단원에서 배울 내용이 무엇인지 유추해 보게 한다.

◆ 테이블 위에 있는 의인화된 만두의 모습과 말풍선 안의 내용을 보며 내용을 유추해 보고 중국의 만두의 종류에 대해 이야기한다. 그리고 교재에 제시된 만두의 모양과 우리가 흔히 먹는 만두의 모양을 비교해 볼 수도 있다.

② 새로운 내용을 학습하기에 앞서 가볍게 발음 연습을 하고, 본문 학습 이전에 새 단어를 익혀 보는 시간임을 알려 준다.

펼치기

- 문화 소개: 열 길 물 속은 알아도 한 길 만두 속은 모른다?!

① 본문 내용과 관련된 문화 소재를 활용하여 학습 동기를 부여한다.

◆ 학생들이 알고 있는 만두는 어떤 것이 있고, 언제 먹는 음식인지 이야기해 보게 한다. 중국에서 만두는 중국인들이 흔히 먹는 주식임을 알려 준다.

② 본문의 문화 내용을 함께 읽어 본다.

③ 이번 과에서 배우는 내용과 연관이 있음을 언급하고 수업을 시작한다.

보충

우리나라와 중국의 만두 비교

우리나라에서는 만두라는 명칭에 조리 방법을 덧붙여서 찐만두, 군만두, 튀김만두, 물만두 등으로 구분한다. 또한 만두소가 무엇인지에 따라서 김치 만두, 부추 만두, 고기만두 등으로 부르기도 한다. 그런데 중국 음식점의 메뉴판에서 '馒头 mántou'를 보고 우리나라의 만두를 상상하며 주문하면 당황할 수 있다. '馒头'는 우리가 쉽게 떠올리는 만두소가 들어 있는 한국식 만두가 아니라 소를 넣지 않고 밀가루 반죽을 발효시킨 후 증기로 쪄서 만든 찐빵이기 때문이다.

'馒头'의 유래는 다음과 같다. 위·촉·오 삼국시대에 제갈량이 남만(南蛮)을 정벌하고 돌아오는 길에 심한 풍랑을 만났다. 제갈량은 주위 사람들로부터 무사히 돌아가려면 남만의 풍습에 따라 사람의 머리 99개를 물의 신에게 바쳐 제사를 지내야 한다는 이야기를 들었다. 제갈량은 실제 사람의 머리 대신 밀가루로 사람의 머리 모양을 닮은 음식을 만들도록 했고, 그 음식으로 제사를 지냈더니 풍랑이 가라앉았다고 한다. 그 후 남만족의 '만(蛮)'을 따서 '남만족의 머리(蛮头)'라 부르다가, 후에 발음이 같은 '馒'을 따서 '馒头'라 부르기 시작했다.

念一念 자신 있게 발음해요

1 리듬에 맞춰서 큰 소리로 따라 읽어 보세요.

mei fei nei lei gei hei

dui gui tui hui zui zhui

diu niu liu jiu qiu xiu

2 리듬에 맞춰서 재미있는 잰말놀이를 해 보세요.

Dōng dōng dōng qǐng kāi mén

Shéi shéi shéi shì shéi ya

Wèi wèi wèi shì wǒ ya

Qǐng qǐng qǐng kuài qǐng jìn

66 6과

'饺子 jiǎozi'는 얇게 민 밀가루 반죽에 소를 넣고 반달 모양으로 빚어 만든 것으로 우리나라의 만두와 비슷하다. 물만두는 '水饺 shuǐjiǎo'라고 하는데 중국에서는 연초(年初)에 '水饺'를 먹는다. 그 이유는 '水饺'의 모양이 중국 고대 화폐의 일종인 '元宝 yuánbǎo'와 비슷하기 때문이다. 여기에는 새해 일 년 동안 가정에 재물운이 있기를 바라는 마음이 담겨 있다. 요즘은 연초뿐만 아니라 언제든지 즐겨 먹는 대중 음식이 되었다. 이 외에도 소가 든 찐빵은 '包子 bāozi'라고 하는데 '包子' 안에 들어가는 소의 종류에 따라서 고기만두인 '肉包子 ròubāozi', 팥 만두 '豆包子 dòubāozi', 야채 만두 '菜包子 càibāozi' 등이 있다.

지도 tip

실제 명칭을 모두 외우도록 권유하기보다는 '만두'라는 명칭이 지칭하는 것이 우리나라와 중국이 다르다는 점만 가볍게 짚어 준다. 가능하다면 교사가 만두와 관련된 시각 자료를 다양하게 마련하여 눈으로 확인하며 설명을 들을 수 있도록 한다.

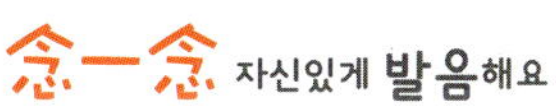

念一念 자신있게 발음해요

1. 발음 연습

① 녹음을 들려 주고 따라 읽게 한다.

② 쉽게 틀리는 발음이 무엇인지 파악하고 교정해 준다.

◆ 운모 'ei', 'uei', 'iou'를 포함한 발음 연습이다. 운모 'ei'는 입을 약간 벌려 'e'를 발음하고, 뒤이어 짧고 가볍게 'i'를 발음한다. 'e'는 보통 '으어'로 발음하지만 'i'와 결합할 때는 '으어'가 아닌 '에'로 발음함을 지도한다.

'uei'는 입술을 작게 오므린 상태에서 'u'를 발음하고 연이어 'ei'를 발음한다. 운모 'uei' 앞에 다른 성모가 오면 가운데의 'e'는 생략하고 'ui'로만 표기한다. 그러나 'uei'에서 'e' 발음은 여전히 남아 있으므로 '우이'처럼 발음하지 않도록 지도한다. 그리고 'u'로 시작되는 운모 앞에 성모가 오지 않으면, 'u'를 'w'로 바꾸어 표기하기 때문에 운모 'uei'가 단독으로 쓰일 때는 'wei'로 표기해야 한다.

'iou'는 입술을 펴서 'i'를 발음하고 연이어 입을 벌려 'ou'를 발음한다. 운모 'iou'앞에 다른 성모가 오면 가운데의 'o'는 생략하고 'iu'로만 표기한다. 그러나 'iou'에서의 'o' 발음은 여전히 남아 있으므로 '이우'처럼 발음하지 않도록 지도한다. 그리고 성모 없이 운모 'i'로 음절이 시작할 때는 'i'를 'y'로 바꾸어 표기해야 하므로 'iou'가 단독으로 쓰일 때는 'you'로 표기해야 한다.

③ 우리말에 없는 발음 또는 영어와 표기는 같지만 발음이 다른 경우는 특히 주의하여 집중적으로 연습할 수 있도록 한다.

2. 잰말놀이

본 과의 잰말놀이는 혼동하기 쉬운 중국어 발음 중 'ei', 'uei', 'iou' 연습을 위한 부분이다. 잰말놀이를 연습하는 과정에서 단어의 학습이 자연스럽게 진행될 수는 있지만, 교사가 의도적으로 단어 및 문형 학습에 비중을 두지 않도록 한다. 학생들이 중국어 발음을 정확하고 자연스럽게 연습하면서 어감을 느낄 수 있도록 지도한다.

① 리듬에 맞춰 가볍게 따라 읽게 한다.

② 부정확하거나 쉽게 틀리는 발음이 무엇인지 파악하고 교정해 준다.

③ 연습 정도에 따라 속도를 조절하여 능숙하게 발음할 수 있도록 지도한다.

④ 간단한 동작이나 율동을 통해서 잰말놀이에 포함된 단어의 뜻을 기억하도록 지도할 수 있다.

◆ 지도의 예

咚 문을 두드리거나 노크하는 듯한 동작을 한다.

谁 손가락을 경례하듯 모아서 눈썹 쪽으로 가깝게 붙여서 멀리 바라보는 듯한 동작을 한다.

喂 손을 반갑게 흔들거나 누군가를 부르는 듯한 동작을 한다.

请 문을 열어 주며 안으로 들어오도록 안내하는 듯한 동작을 한다.

⑤ 큰 소리로 발음하면서 알맞은 동작을 함께 해 본다.

⑥ 익숙해지면 속도에 변화를 주면서 연습해 볼 수 있다.

보충

风吹灰 fēng chuī huī

风吹灰堆灰乱飞，Fēng chuī huīduī huī luànfēi,
바람이 잿더미를 불어 재가 어지러이 날리고,

灰飞花上花堆灰。huī fēi huāshang huāduī huī.
재가 꽃 위로 날아가 꽃이 잿더미가 되었네.

风吹花灰飞去，Fēng chuī huā huī fēiqù,
바람이 꽃에 불어 재가 날리고,

灰在风里灰又飞。huī zài fēngli huī yòu fēi.
재는 바람 속으로 들어가 재가 다시 날리네.

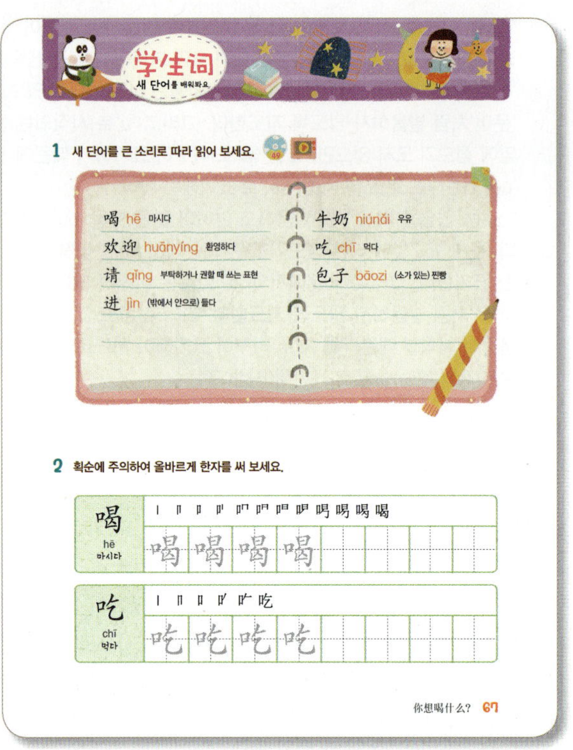
学生词 새 단어를 배워봐요

1 새 단어를 큰 소리로 따라 읽어 보세요.

喝 hē 마시다
欢迎 huānyíng 환영하다
请 qǐng 부탁하거나 권할 때 쓰는 표현
进 jìn (밖에서 안으로) 들다
牛奶 niúnǎi 우유
吃 chī 먹다
包子 bāozi (소가 있는) 찐빵

2 획순에 주의하여 올바르게 한자를 써 보세요.

喝 hē 마시다	丨 ㄇ 口 口' 口ㄇ 口日 口日 口曰 吗 喝 喝 喝
	喝 喝 喝 喝
吃 chī 먹다	丨 ㄇ 口 口' 口𠂉 吃
	吃 吃 吃 吃

你想喝什么? 67

学生词 새 단어를 배워봐요 

1. 어휘 학습

① 녹음을 듣고 큰 소리로 따라 읽게 한다.
② 단어의 의미와 주의해야 할 발음을 설명한다.

喝 hē 마시다
영어 학습의 영향으로 '히'로 읽지 않도록 지도한다.

欢迎 huānyíng 환영하다
'欢迎'은 보통 두 번 반복하여 '欢迎欢迎!'으로 표현함을 알려 준다.

请 qǐng 부탁하거나 권할 때 쓰는 표현

进 jìn (밖에서 안으로) 들다

牛奶 niúnǎi 우유

吃 chī 먹다
'i'의 발음을 '이'로 하지 않도록 주의하여 지도한다.

包子 bāozi (소가 있는) 찐빵

지도 tip

학생들에게 성조의 중요성을 설명할 때 간혹 일부러 잘못된 발음을 반복하는 짓궂은 학생이 있다. 이의 상당수는 교사나 동급생의 관심을 끌기 위해 수업의 흐름을 끊으려는 경우이다. 이때 당황하지 말고 자연스럽게 다른 내용에 집중할 수 있도록 수업을 진행하고, 목표 발음을 수업 도중에 꾸준히 노출시켜 주면 된다.

③ 녹음을 다시 듣고 따라 읽게 한다.

2. 쓰기 연습

① 교사는 제시된 단어를 칠판에 쓰면서 획순을 알려 준다.
② 획순에 주의하여 학생 스스로 써 보도록 한다.
③ 학생들이 잘못 쓰는 글자를 다시 한 번 짚어 준다.
④ 학생이 칠판 앞으로 나와서 교사가 지정해 준 한자를 필순에 맞게 써 보고 발음해 보도록 한다.

喝 부수 口 총 12획

- 왼쪽에서 오른쪽으로 쓴다.
- 왼쪽 '口'는 단독으로 쓸 때보다 작게 쓴다.
- 위에서 아래로 쓴다.
- 마지막 획은 한 획으로 이어 쓴다.

丨 ㄇ 口 口' 口ㄇ 口日 口日 口曰 吗 喝 喝 喝

吃 부수 口 총 6획

- 왼쪽에서 오른쪽으로 쓴다.
- 왼쪽 '口'는 단독으로 쓸 때보다 작게 쓴다.
- 마지막 획은 한 획으로 이어 쓴다.

丨 ㄇ 口 口' 口𠂉 吃

지도 tip

상형문자는 옛날 모습 그대로이거나 변화를 거쳐 현재까지 남아 있는데, 종이가 없었던 때에는 죽간(竹简)에 날카로운 물체로 홈을 파거나 긁어서 문자를 기록했기 때문에 동그란 형태나 여러 다양한 형태를 표현하기에는 불편함이 많았다. 따라서 점차 직선으로 한자의 획이 정착되기에 이르렀다. 한자는 부수를 통해 중심이 되는 의미를 나타내는 경우가 많으므로 대표적인 부수는 수업에서 반복해서 다루어 주어 학생들의 이해를 돕는다. '喝'와 '吃'에 공통으로 들어가는 부수 '口(입 구)'는 동그란 입의 모양으로부터 만들어진 한자로, '마시다', '먹다' 와 관련된 글자에서 모두 찾아볼 수 있다.

참고 사이트

http://www.welcome.org.cn/yinshiliyi/
→ 중국의 식사예절과 관련된 내용을 확인할 수 있다.

마무리하기

1. 학습 내용 정리

수업 내용에 관한 질문을 통해 학생들의 이해도를 점검한다. 학생들이 특히 어려워하는 부분이 어디인지 확인하고, 다시 한 번 짚고 넘어간다.

2. 과제 부여

① 본서 66쪽의 '발음 연습'과 '잰말놀이'를 큰 소리로 읽는 연습을 해 오도록 한다.
② 학습한 단어의 뜻과 한어병음이 익숙해질 수 있도록 멀티 CD(TRACK 49)를 반복해서 듣고 오게 한다.

2차시 68~69쪽

학습 목표

- 권유하는 표현을 할 수 있다.
- 먹고 싶거나 마시고 싶은 것을 묻고 답할 수 있다.

수업 준비물

교재, 멀티 CD

들어가기

1. 지난 시간 복습

① 과제를 확인한다.

② 그림 자료나 PPT 등의 시각 자료를 활용하여 지난 차시에 다룬 문화 관련 내용을 확인한다.

2. 새로 배울 내용 소개

① 학습 목표를 소개한다.

② 본문의 그림을 보고 어떤 상황인지 유추해 보도록 한다.

펼치기

一起说 친구들과 대화해요

1. 단어 확인하기

① 단어 카드를 활용하여 지난 시간에 학습한 단어를 읽어 보게 한다. 멀티 CD의 단어 플래시를 활용하여 단어를 복습할 수도 있다.

② 교사가 중국어로 단어를 제시하면 학생들은 우리말로 그 단어의 뜻을 말한다.

③ 학생들이 단어의 뜻을 정확하게 이해했다면, 교사는 학생들에게 우리말로 단어를 제시하고 중국어로 대답해 보게 한다.

2. 녹음 듣고 문장 연습하기

① 녹음을 들려 주고 따라 읽게 한다.

② 문장 단위로 따라 읽게 하고 해석한다.

본문 해석

丽丽	欢迎，欢迎。请进！ 환영해. 들어와!
	你想喝什么？ 너는 무엇을 마시고 싶니?
东海	我想喝牛奶。 나는 우유를 마시고 싶어.
丽丽	你想吃包子吗？ 너 찐빵 먹고 싶니?
东海	好啊！我喜欢吃包子。 좋아! 나는 찐빵 먹는 것을 좋아해.

보충

어기조사 '啊'

어기조사 '啊'는 어기를 부드럽게 하는 작용을 한다. 자연스러운 대화 상황에서 자주 사용한다. '啊'가 생략되어도 문장의 의미는 변함이 없다.

③ 교재의 문장을 정확한 발음으로 읽어 보도록 한다.
④ 두 사람씩 짝을 지어 대화문을 연습해 보게 한다. 역할을 바꾸어 가면서 연습하도록 지도하여 반복적인 연습이 지루해지지 않도록 주의한다.
⑤ 간체자만 보고 본문을 읽는 연습을 한다.

3. 문장 듣고 해석하기

교사가 읽어 주는 내용을 듣고 우리말로 해석하게 한다.

4. 해석 듣고 중국어 문장으로 말하기

① 실제 대화하는 것처럼 자연스럽게 말하도록 지도한다.
② 짝과 함께 회화 내용을 연습하고, 역할을 바꾸어 반복 연습하도록 지도한다.

보충

施氏食狮史 Shīshì shí shī shǐ

石室诗士施氏，嗜狮，誓食十狮。
Shíshì shīshì Shīshì, shì shī, shìshí shí shī.
석실(石室)에 사는 시인 시(施)씨는 사자를 좋아해서, 열 마리 사자를 먹겠다고 맹세를 했다.

施氏时时适市视狮。
Shīshì shíshí shì shì shì shī.
시(施)씨는 항상 시장으로 가서 사자를 살폈다.

十时，适十狮适市。
Shí shí, shì shí shī shì shì.
열 시에, 때마침 열 마리의 사자가 시장에 나타났다.

施氏视十狮，恃矢势，使是十狮逝世。
Shīshì shì shí shī, shì shǐ shì, shǐ shì shí shī shìshì.
시(施)씨가 열 마리 사자를 보고, 화살의 기세에 의지하여(화살의 기세를 의지하고 화살을 쏴서), 열 마리 사자를 죽였다.

施氏拾是十狮尸，适石室。
Shīshì shí shì shí shī shī, shì shíshì.
시(施)씨가 열 마리 사자의 시체를 수습해서 석실로 가지고 갔다.

石室湿，施氏使侍拭石室。
Shíshì shī, Shīshì shǐ shì shì shíshì.
석실이 습기가 있어서, 시(施)씨는 하인을 시켜 석실을 닦게 했다.

石室拭，施氏始试食是十狮
Shíshì shì, Shīshì shǐ shì shí shì shí shī.
석실이 깨끗해진 후, 시(施)씨는 열 마리 사자를 먹어보려고 했다.

食时，始识是十狮，实十石狮尸。
Shí shí, shǐ shí shì shí shī, shí shí shí shī shī.
시(施)씨가 먹으려고 할 때 그 열 마리 사자의 시체는 사자 시체가 아니라 열 개의 돌이었음을 알아차렸다.

중국의 저명한 언어학자 '赵元任'이 'shi' 발음을 가진 90여 개의 한자만으로 만든 문장이다. 원래 이 문장은 경제적인 문자로서의 한자를 강조하기 위해 '赵元任'이 의도적으로 만든 문장이다. 모국어를 중국어로 사용하는 원어민도 이를 듣는 것 만으로 그 뜻을 한번에 이해하는 것은 불가능하다. 'shi' 발음이 계속되는 이 이야기는 한자라는 문자가 지닌 전달력과 성조의 중요성을 느끼도록 하기 위해서 중국어 수업에서 소개해 볼 수 있다. 논리적으로 앞뒤가 맞지 않는 부분도 있지만 성조에 따라 의미가 달라짐을 알려주기에는 충분하다. 제시된 문장을 통해, 'sh' 발음을 반복적으로 연습할 수 있다.

지도 tip

정확한 중국어 의사소통을 위해 각 단어가 지닌 성조를 정확하게 익히는 연습은 수업의 전과정을 거쳐 꾸준히 진행하여야 한다. 성조에 따라서 의미 차이가 드러나는 실제 문장을 예로 들어줌으로써 보다 정확한 발음 연습의 필요성을 일깨워 줄 수 있다.
학생들은 한어병음 'shi'만으로 하나의 이야기가 완성된다는 것에 호기심을 느낄 수 있다. 단, 어린이 대상 수업에서는 'shi'와 각 성조의 결합으로 이루어진 한어병음을 연습할 때 오락적인 요소를 가미한 예문으로 활용할 수 있지만 학습적인 목적으로 설명하는 것은 부적합하다. '사자'라는 표현을 알고 있다면 글자 '狮'가 몇 개 들어갔는지 세어보는 간단한 활동을 부가적으로 진행하여 특정 한자에 대한 집중력을 높이는 연습을 할 수도 있다.

마무리하기

1. 학습 내용 정리

학습 내용을 다시 한 번 확인한다. 멀티 CD 회화 애니메이션의 자막을 변경해 가며 회화 내용을 확실히 익혔는지 확인해 볼 수 있다.

2. 과제 부여

① 본문을 세 번씩 큰 소리로 읽어 오게 한다.
② 친구들이 좋아하는 음식이나 음료에는 어떤 것이 있는지 생각해 오도록 한다.

3차시 70~71쪽

学一学 차근차근 익혀봐요

'请'은 상대방에게 어떤 일을 권할 때 예의를 갖춰서 말하는 표현입니다.

请进。
Qǐng jìn.
들어오세요.

밑줄 친 부분을 바꾸어 말해봐요!

坐 zuò 앉다 喝茶 hē chá 차를 마시다

* 茶 chá (마시는) 차

'想'은 '~을 하고 싶다'는 뜻으로, '想' 뒤에 '喝'가 오면 '마시고 싶다', '吃'가 오면 '먹고 싶다'라는 뜻이 됩니다.

我想喝牛奶。
Wǒ xiǎng hē niúnǎi.
나는 우유를 마시고 싶어요.

밑줄 친 부분을 바꾸어 말해봐요!

喝 水 shuǐ 물 果汁 guǒzhī 과일 주스 吃 水果 shuǐguǒ 과일 面包 miànbāo 빵

70 6과

학습 목표

- '请'을 활용하여 상대방에게 권유하는 표현을 할 수 있다.
- '想'을 활용하여 희망, 바람을 나타내는 표현을 할 수 있다.

수업 준비물

교재, 음성 자료

들어가기

1. 지난 시간 복습

① 과제를 확인한다.

② 지난 차시 학습 내용을 확인한다.

교재의 주인공들이 먹고 싶어 하거나 마시고 싶어 하는 것을 문답식으로 확인하거나, 상황에 맞는 그림 또는 PPT 자료를 활용하여 확인한다.

2. 새로 배울 내용 소개

① 학습 목표를 소개한다.

② 주제와 관련된 내용을 소개한다.

펼치기

学一学 차근차근 익혀봐요

1. '请'을 활용하여 권유하기

① 녹음을 듣고 정확한 발음으로 따라 읽도록 지도한다.

② 새 단어의 의미를 확인하고 문장으로 연습해 본다.

③ 제시된 문장을 교사와 학생이 번갈아 읽어 본다.

> 请进。 들어오세요.
>
> 밑줄 친 부분을 바꿔서 말해봐요!
>
> 请坐。 앉으세요.
>
> 请喝茶。 차를 마셔요.

◆ 우리말의 '~해 주세요.', 영어의 "~, please.", 일본어의 "~してください." 등과 유사한 성격을 가진 중국어 표현으로 '请'을 꼽을 수 있다. '请'을 사용해 의사를 전달해야 하는 일정한 상황을 가정한 동작을 보여 주거나 그림을 보여 주면서 '请'을 활용한 짧은 표현을 말해 보도록 유도함으로써 자연스럽게 익힐 수 있도록 한다.

> **보충**
>
> **중국의 차(茶) 문화**
>
> 차는 중국인의 일상생활에서 빼놓을 수 없는 음료이다. 중국인들은 평소에 습관처럼 차를 마시는데, 각자의 찻잔이나 차를 우려내는 병을 가지고 다니면서 차를 즐긴다. 관공서나 기숙사, 호텔 등에도 언제든지 차를 마실 수 있도록 뜨거운 물이 항상 준비되어 있다.
>
> 물에 석회 성분이 많아 수질이 좋지 않아서 중국인이 차를 즐겨 마시기 시작했다는 설이 있지만, 기름기 많은 식생활 습관이나 문화적 전통과 관련 있다고 보기도 한다.

2. '想'을 활용하여 희망과 바람 나타내기

① 녹음을 듣고 정확한 발음으로 따라 읽도록 지도한다.

② 새 단어의 의미를 확인하고 문장으로 연습해 본다.

③ 제시된 문장을 교사와 학생이 번갈아 읽어 본다.

> 我想喝牛奶。 나는 우유를 마시고 싶어요.
>
> 밑줄 친 부분을 바꿔서 말해봐요!
>
> 我想喝水。 나는 물을 마시고 싶어요.
>
> 我想喝果汁。 나는 과일 주스를 마시고 싶어요.
>
> 我想吃水果。 나는 과일을 먹고 싶어요.
>
> 我想吃面包。 나는 빵을 먹고 싶어요.

> **지도 tip**
>
> 새로 익힌 내용에 이미 학습한 내용을 활용하여 응용해 보는 연습은 학생들로 하여금 중국어 수업 시간의 모든 과정을 유의미하게 느낄 수 있도록 도와준다. 교사는 누적 반복식 연습을 꾸준히 진행하여 학습 내용에 대한 이해력을 높이고 문장 응용 및 확장 능력을 배양시킬 수 있도록 도와준다.
>
> '~하고 싶다'라는 뜻을 가진 조동사 '想'은 『신나는 어린이 중국어 ①』에서 이미 학습한 내용이다. 『신나는 어린이 중국어 ①』의 제8과에서는 조동사 '想'이 '我想当画家。'라는 대표 문장으로 소개되었을 뿐 아니라, '你想当什么?', '我想当歌手。' '我想当演员。' '我想当汉语老师。' 등의 다양한 구문으로 활용되기도 하였다.
>
> 제1권을 학습했던 학습자들에게는 지난 학습을 상기시켜 말해 보도록 유도할 수 있다. 또한 『신나는 어린이 중국어 ②』 제2과의 '做剪纸'를 활용하여 '我想做剪纸。', 제4과의 '去书店'을 활용하여 '我想去书店。'을 말해 보게 하거나 '你想去哪儿?' 등의 문장으로 응용하여 연습해 볼 수 있다. 교사는 기존에 배웠던 내용을 현재 학습 내용과 연결시켜 연습할 수 있는지 여부를 고려하여 수업을 준비하는 것이 좋다.

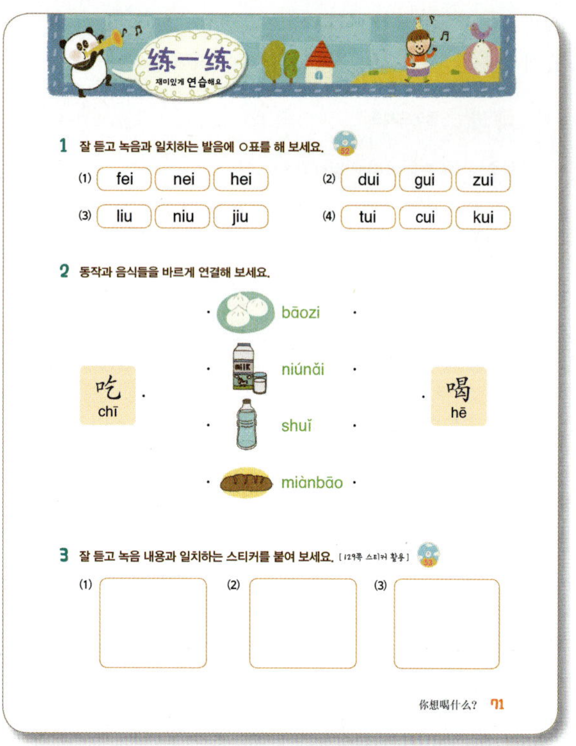

练一练 재미있게 연습해요

1 잘 듣고 녹음과 일치하는 발음에 ○표를 해 보세요.

(1) fei nei hei (2) dui gui zui

(3) liu niu jiu (4) tui cui kui

2 동작과 음식들을 바르게 연결해 보세요.

吃 chī · bāozi · niúnǎi · shuǐ · miànbāo · 喝 hē

3 잘 듣고 녹음 내용과 일치하는 스티커를 붙여 보세요. [129쪽 스티커 활용]

(1) (2) (3)

你想喝什么? 71

练一练 재미있게 연습해요

1. 녹음과 일치하는 발음 찾기

① 녹음을 들려준 후, 문제를 풀게 한다.
② 정답을 확인하고, 문제 풀이를 한다.
③ 녹음을 다시 한 번 듣고 따라 읽게 한다.

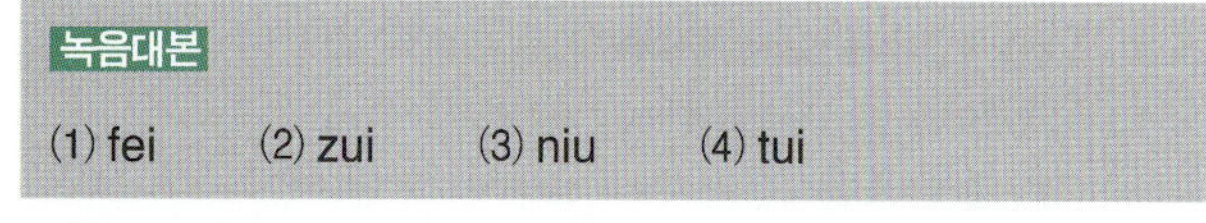

녹음대본

(1) fei (2) zui (3) niu (4) tui

[정답] (1) fei (2) zui (3) niu (4) tui

◆ 운모 'ei', 'uei', 'iou'가 포함된 단어를 활용해 성모를 정확하게 구분할 수 있는지 확인하기 위한 문제이다. 학생들이 발음하기 어려워하거나, 혼동하는 발음을 중점적으로 지도한다.

2. 동작과 음식 바르게 연결하기

① 단어를 읽어 보게 한다.
② 동작과 이에 해당하는 음식을 바르게 연결해 보게 한다.
③ 바르게 연결했는지 확인하며 큰 소리로 읽어 보게 한다.

[정답]

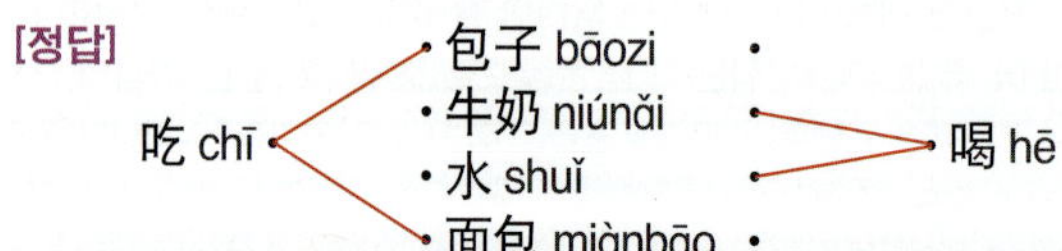

◆ 제시된 문제는 동사와 그에 맞는 목적어를 연결하는 것을 목표로 하고 있다. 학생이 동사와 목적어를 바르게 연결할 수 있게 되면 자연스럽게 주어를 포함한 완전한 문장으로 표현해 보도록 지도하는 것이 좋다. 우선 주어만 붙여 '我吃包子。', '我吃面包。', '我喝牛奶。', '我喝水。'라고 말해 보게 한다. 표현이 익숙해지면 조동사 '想'을 활용하여 '我想吃包子。', '我想吃面包。', '我想喝牛奶。', '我想喝水。' 등의 문장으로 말해 보게 한다. 개인적으로 연습할 시간을 어느 정도 주고 '你想吃什么?'라는 문장을 활용하여 짝과 함께 묻고 답하는 형식으로 연습해 보게 할 수 있다. 이미 학습하거나 연습한 내용이라 하더라도 기회가 닿는 대로 학생들에게 발화 연습 기회를 제공하여, 보다 자신감 있게 말하기 활동에 참여할 수 있게 하는 것이 중요하다.

3. 녹음 내용과 일치하는 스티커 붙이기

① 문장을 잘 듣고 의미를 파악하게 한다.
② 내용과 일치하는 스티커를 붙여 보게 한다.
③ 붙인 스티커를 보고 중국어로 표현해 보게 한다.

녹음대본

(1) 请坐。Qǐng zuò. 앉으세요.
(2) 吃包子 chī bāozi 찐빵을 먹다
(3) 喝牛奶 hē niúnǎi 우유를 마시다

[정답] (1)  (2)  (3) 

교재의 연습문제를 학습한 후, 워크북 문제를 함께 풀어 볼 수 있다. 워크북을 푸는 과정을 통해 학생들에게는 학습한 내용을 한 번 더 확인하는 기회를 제공하고, 교사는 학생들의 이해 정도를 파악하여 필요한 지도를 보충하거나 다음 수업의 난이도를 조정할 수 있다. 워크북의 모든 문제를 풀어 볼 수도 있지만, 필요에 따라 교사가 취사선택하여 풀어 볼 수도 있다.

마무리하기

1. 학습 내용 정리

① 学一学에서 학습한 내용을 정확히 이해했는지 확인한다.
② 연습문제에서 학생들이 자주 오류를 범하는 내용에 대해 다시 한 번 정리한다.

2. 과제 부여

이번 시간에 학습한 내용을 자연스럽게 표현할 수 있도록 연습해 오게 한다.

학습 목표

- 희망이나 바람을 나타내는 표현을 할 수 있다.
- 마시고 싶거나 먹고 싶은 것이 무엇인지 말할 수 있다.

수업 준비물

교재, 멀티 CD

들어가기

1. 지난 시간 복습

① 과제를 확인한다.

② 学一学 에서 다룬 표현을 함께 읽어 보거나 간단한 질문을 통해 복습한다.

2. 새로 배울 내용 소개

① 학습 목표를 소개한다.

② 주제와 관련된 내용을 소개한다.

친구들이 하고 싶은 일들에는 어떤 것이 있는지 자유롭게 이야기해 보도록 한다. 학생들의 다양한 희망이나 바람을 듣고, 이번 차시 학습 내용과 특히 관련 있는 이야기를 하는 학생이 있다면 자세히 이야기 해 보게 하여 이번 차시 학습 내용과 연결 지을 수 있도록 하는 것도 좋은 방법이다.

펼치기

高一高 실력을 쑥쑥 키워요

- **희망이나 바람 표현하기**
  - ① 그림을 보며 친구들이 어떤 것을 하고 싶어하는지 유추해 보게 한다.
  - ② 주어진 문장을 올바르게 해석하고 적어 보게 한다.
  - ③ 의미를 기억하며, 중국어 문장을 큰 소리로 읽어 보게 한다.
    - ◆ 문장마다 나오는 '中国' 부분에 『신나는 어린이 중국어 ①』 제2과 34쪽에서 학습한 다양한 나라 이름을 활용하여 보다 다양하게 문장을 연습해 자연스럽게 복습이 이루어질 수 있게 한다.

보충

다음은 이미 배운 내용을 활용하여 문장을 연습해 볼 수 있는 방법이다.

방법 1.

① 쪽지에 나라 이름을 쓰고 그 내용이 안 보이도록 두 번 접는다. 교사는 쪽지에 나라 이름을 쓸 때, 학생들과 함께 확인하면서 쓸 수 있다. 우선 학생들이 어떤 나라 이름을 기억하는지 한국어로 대답하게 하고 칠판에 적는다. 그리고 한국어로 적힌 각 나라 이름을 중국어로 말해 보게 한 후, 학생들이 불러 주는 나라 이름을 쪽지 한 장에 한 개씩 중국어로 받아 적는다. 쪽지의 크기가 너무 작지 않다면 나라 이름을 모두 적은 후 학생들에게 보여 주면서 중국어로 읽고 어느 나라인지 말해 보게 하는 확인 과정을 거친 후 그 내용이 보이지 않도록 쪽지를 두 번 접는다.

② 접은 쪽지를 바구니나 상자에 넣은 후 잘 섞는다.

③ 나라 이름이 적힌 쪽지를 하나씩 뽑아서 교재에 있는 문장에 대입하여 문장으로 완성해 본다. 예를 들어 '영국'을 적어 둔 쪽지를 뽑았다면, '我想去英国。', '我想听英国歌。' '我想看英国电影。' 등의 문장을 만들 수 있다.

방법 2.

① 지도를 준비한 후 학생들이 나와서 눈을 감고 손으로 아무 곳이나 짚어 보게 한다.

② 해당 국가가 어디인지 확인하고, '我想去○○。', '我想听○○歌。', '我想看○○电影。' 등의 문장으로 말해 보게 한다. 눈을 감고 자기가 짚은 곳을 이야기하는 활동은 학생들에게 재미 요소를 제공한다. 나라 이름을 반드시 중국어로 표현할 필요는 없다. 활동을 통해 '想'을 활용한 문장에 익숙해지는 데 중점을 두고 지도한다.

활동을 위한 모든 준비 과정도 간단한 복습을 활용하면 반복 연습이 지루하게 느껴지지 않아서 긍정적인 효과를 기대할 수 있다.

玩一玩 신나게 놀아 봐요

- 무엇을 먹을까? 무엇을 마실까?
  ① 메뉴판에 있는 음식들의 한어병음을 큰 소리로 읽어 본다.
  ② 메뉴판에서 각자 원하는 음식을 3개 이상 골라 표시한 후, '我想吃○○。', '我想喝○○。'를 활용하여 말할 수 있도록 연습한다.
  ③ 107페이지 활동 자료의 메뉴판을 활용하여 다른 친구들은 무엇을 먹거나 마시고 싶은지 중국어로 물어 보는 활동을 한다.
  ④ 상대방 친구가 원하는 음식을 잘 듣고 메뉴판에 표시해 본다.
  ◆ 주어를 '我'대신 '他'나 '她'로 하여 친구가 먹고 싶어 하는 것이나 마시고 싶어 하는 것을 문장으로 표현할 수 있다.

보충

다양한 음식 이름

최근 우리나라를 방문하거나 거주하는 중국인들이 많아지고 있다. 이러한 변화로 인해 국내에서도 중국인과 만날 수 있는 기회가 적지 않다. 수업 시간에 우리나라를 대표할 수 있는 음식을 중국어로 알려 주는 것은 학생들의 학습 동기를 부여하고 학습 내용에 대한 흥미를 고취시키기에 충분하다.

烤牛肉 kǎoniúròu 불고기 | 紫菜包饭 zǐcàibāofàn 김밥 | 拌饭 bànfàn 비빔밥 | 五花肉 wǔhuāròu 삼겹살 | 参鸡汤 shēnjītāng 삼계탕 | 排骨 páigǔ 갈비 | 排骨汤 páigǔtāng 갈비탕 | 泡菜汤 pàocàitāng 김치찌개 | 大酱汤 dàjiàngtāng 된장찌개 | 葱饼 cōngbǐng 파전 | 铁板鸡 tiěbǎnjī 닭갈비

우리나라 사람들이 일반적으로 좋아하는 중국 음식도 소개할 수 있다.

- 鱼香肉丝 yúxiāngròusī
  실처럼 가늘게 썬 돼지고기와 야채를 양념을 넣고 볶다가, 전분과 육수로 걸죽하게 만든 음식
- 麻婆豆腐 mápódòufu
  깍뚝썰기한 두부에 소화가 잘 되도록 잘게 썰린 쇠고기와 야채 등을 넣고 볶아 만든 음식
- 西红柿炒鸡蛋 xīhóngshì chǎojīdàn
  토마토와 계란를 볶아 만든 음식
- 地三鲜 dìsānxiān
  땅에서 나는 세가지 신선한 재료인 감자, 피망, 가지를 볶아 만든 음식
- 宫保鸡丁 gōngbǎojīdīng
  정사각형 모양으로 작게 잘린 닭고기와 볶은 땅콩, 고추 등을 넣고 매콤하게 만든 음식
- 锅包肉 guōbāoròu
  고기를 납작하게 튀겨 소스에 버무린 찹쌀탕수육

'麻婆豆腐'처럼 독특한 유래를 가지고 있는 음식은 그 유래를 학생들에게 알려주는 것도 학생들의 흥미를 고취시킬 수 있는 방법이다.
'麻婆豆腐'의 유래 중 하나는 다음과 같다. 청나라 때 얼굴이 온통 곰보인 천(陈)부인이 음식을 팔아 생계를 유지하고 있었다. 사람들은 이 음식점에 들를 때마다 생두부와 소고기를 사서 천씨 부인에게 빨리 요리를 해 달라고 했다. 손놀림이 빠르고 음식 솜씨가 좋았던 천 부인은 금세 매콤하고 맛있는 음식을 만들어 내어 이것은 곧 행인들에게 가장 인기 있는 음식이 되었다. 후에 이 음식 이름을 '곰보자국'을 뜻하는 '麻 má'와 '부인'이라는 뜻의 '婆 pó', '두부'를 나타내는 '豆腐 dòufu'가 합쳐져 '麻婆豆腐'라고 불리게 되었다고 한다.

지도 tip

교사가 소개해 준 다양한 음식의 명칭을 모두 다 암기하도록 강요할 필요는 없다. 학생들이 가장 먹고 싶은 음식 2~3가지를 골라 '我想吃/喝○○○。'구문으로 연습해 본다. 문장의 연습은 단계적인 진행이 필요하며, 우선 전체 학급을 대상으로 문장 말하기를 연습하고 어느 정도 익숙해지면 모둠별 혹은 짝 활동으로 연습한다. 희망자에 한해 개인 발표를 해 볼 수도 있다. 만약 음식 명칭을 중국어로 암기하기 어려운 연령 혹은 수준의 학습자를 대상으로 하는 경우에는 한어병음을 보고 정확하게 읽는 발음 연습 위주로 지도하는 것이 바람직하다. 학생들에게 만약 중국인 친구가 생긴다면 그 친구에게 소개시켜 주고 싶은 음식이 무엇인지 서로 이야기해 보게 할 수도 있다.

마무리하기

1. 학습 내용 정리

① 학습한 표현을 우리말로 제시하고 이를 중국어로 말해 보게 한다.
② 다양한 음식 사진을 제시하고 적합한 표현을 중국어로 대답하게 한다.

2. 과제 부여

주말이나 생일에 먹고 싶은 음식에는 어떤 것들이 있는지 두세 가지 정도 직접 그리고 중국어 문장으로 표현해 오는 과제를 부여한다.

7 我养一只小狗。 나는 강아지 한 마리를 키워.

단원 소개 및 학습 내용

중국을 대표하는 동물을 살펴본다. 또한 형용사의 중첩을 활용한 강조 표현을 연습하고, 다양한 동물 명칭과 동물을 세는 단위인 양사를 익힌다.

단원 학습 목표

1. 운모 ou, uo를 포함한 발음을 정확하게 할 수 있다.
2. 양사 '只'를 활용하여 동물을 셀 수 있다.
3. 형용사를 중첩하여 의미를 강조할 수 있다.

단원 지도 계획

차시	교재 범위	학습 단계	학습 내용
1	74~77쪽	문화	뼈대 있는 가문의 차우차우
		발음	운모 ou, uo
		새 단어	본문 새 단어 학습 쓰기 연습 (只, 长)
2	78~79쪽	회화	애완동물에 대해 묻고 답하기
3	80~81쪽	교체 연습	동물을 세는 양사 '只' 형용사 중첩 표현
		연습 문제	발음 및 본문 내용 관련 문제 풀기
4	82~83쪽	확장 연습	다양한 동물 명칭 익히기
		활동	노래로 배워요: 두 마리 호랑이

학습 목표

- 중국을 대표하는 동물을 살펴본다.
- 운모 ou, uo와 성모를 결합하여 발음할 수 있다.
- 새 단어의 발음과 뜻을 익히고, 획순에 맞게 쓸 수 있다.

수업 준비물

교재, 멀티 CD, 단어 카드

들어가기

1. 지난 시간 복습

① 단어 카드를 활용해 어떤 음식을 먹거나 마시고 싶은지 묻고 답하는 대화를 해 보게 한다.

② 단어 카드에는 없지만 지난 시간에 배운 음식 이름 중에 기억나는 것을 말해 보게 한다.

2. 새로 배울 내용 소개

① 그림과 문화 내용을 살펴보면서 이번 단원에서 배울 내용이 무엇인지 유추해 보게 한다.

◆ 그림에 등장하는 동물들의 종류를 말해 보게 한 후, 말풍선의 내용을 통해 상황을 유추할 수 있도록 한다. 빨간 옷을 입고 황색 의자에 앉아 대접 받고 있는 동물이 이 그림에서 주인공임을 파악하게 하고, 자연스럽게 차우차우에 대해 설명한다. 또한, 그림의 오른쪽에서 기둥 뒤에 숨어 있는 판다를 찾아 보게 할 수도 있다.

② 새로운 내용을 학습하기에 앞서 가볍게 발음 연습을 하고, 본문 학습 이전에 새 단어를 익혀 보는 시간임을 알려 준다.

펼치기

- 문화 소개: 뼈대 있는 가문의 차우차우

① 중국과 한국을 대표하는 동물에는 어떤 것이 있는지 학생들에게 질문하고, 각국을 대표하는 동물들을 정리해 본다.

◆ 한국을 대표하는 동물로는 호랑이, 진돗개 등이 있다. 중국을 대표하는 동물로는 보통 판다나 용을 떠올리겠지만 그 외에 차우차우도 있음을 함께 이야기한다. 교사가 별도로 준비한 사진 자료가 있다면 함께 살펴보며 이야기할 수도 있다.

② 본문의 문화 내용을 함께 읽어 본다.

③ 이번 과에서 배우는 내용과 연관이 있음을 언급하고 수업을 시작한다.

보충

차우차우

차우차우는 중국을 대표하는 개로, 한대(漢代: BC206 ~ AD220)부터 있던 것으로 알려진다. 차우차우는 강아지 때부터 짖지 않고 온순하다. 평소에는 성격이 조용하고 장난을 치거나 귀찮게 굴지 않지만 위험한 일이 생기면 자신의 주인과 그 가족을 지키기 위해 매우 용감해진다. 하지만 낯선 사람에 대한 경계심이 강하다.
털이 두텁고 촘촘하지만 털이 뭉치지 않기 때문에 손질하기는 쉽고 꼬리는 말려서 등에 올라 붙는다. 목 주위에는 마치 사자 갈기와 같은 장식털이 자라는데, 검은색 털을 가진 차우차우는 곰과 같은 모습을 보인다. 추위에는 강하나 더위에는 약하므로 주변 온도에 신경써야 한다.

판다

판다는 1869년경 중국에서 활동하던 프랑스 신부에 의해 세상에 소개되었으며, 마치 안경을 쓰고 있는 듯한 귀여운 외모로 어린이들의 사랑을 받

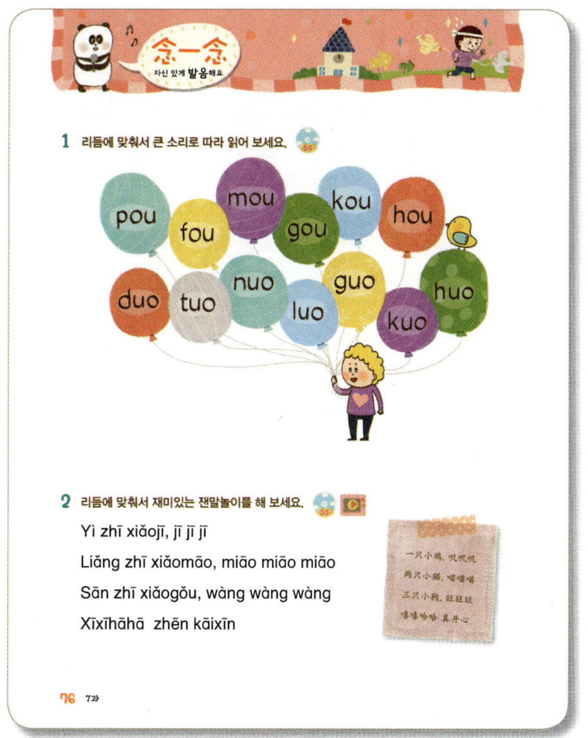

念一念 자신 있게 발음해요

1 리듬에 맞춰서 큰 소리로 따라 읽어 보세요. 54

pou fou mou gou kou hou

duo tuo nuo luo guo kuo huo

2 리듬에 맞춰서 재미있는 잰말놀이를 해 보세요. 55

Yì zhī xiǎojī, jī jī jī

Liǎng zhī xiǎomāo, miāo miāo miāo

Sān zhī xiǎogǒu, wàng wàng wàng

Xīxīhāhā zhēn kāixīn

一只小鸡，叽叽叽

两只小猫，喵喵喵

三只小狗，旺旺旺

嘻嘻哈哈 真开心

76 7과

고 있다. 곰과 고양이의 모습을 닮았다는 의미에서 '熊猫'라고 부르게 되었다. 야생 판다는 그 수가 아주 적어서 중국에서는 판다를 '제1급 보호동물'로 지정하고 국보로 인식하여 엄중히 보호하고 있다. 주요 서식지는 중국의 쓰촨(四川), 산시(陕西) 등의 산간지역이며, 대나무가 주식이다.
판다가 외교무대에 처음 등장한 것은 중일전쟁 중이던 1941년이다. 1972년 미국 리처드 닉슨 대통령의 중국 방문을 기념해 자이언트 판다를 미국에 보낸 것이 가장 유명한 판다 외교의 사례로 꼽히고 있다. 중국의 판다 외교는 '판다가 외교관 10명보다 낫다'는 말이 있을 정도로 여전히 활발하게 추진 중이다.

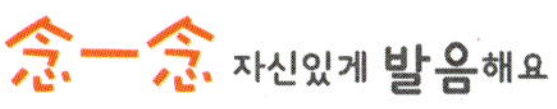

1. 발음 연습

① 녹음을 들려 주고 따라 읽게 한다.

② 쉽게 틀리는 발음이 무엇인지 파악하고 교정해 준다.

◆ 운모 'ou', 'uo'를 포함한 발음 연습이다. 운모 'ou'는 입을 크고 둥글게 벌려 'o'를 발음하고 연이어 가볍게 'u'를 발음한다. 우리말의 '오우'와 발음이 비슷하다. 운모 'uo'는 입술을 둥글고 작게 오므려 '우'를 발음하고 연이어 '오'를 발음한다.
'ou'와 'uo'를 연습하는 과정에서 'uo'를 마치 'ou'처럼, 'ou'를 마치 'uo'처럼 발음하는 학생들을 볼 수 있다. 저학년일수록 이런 현상을 많이 볼 수 있는데, 'o'와 'u' 중에서 어떤 운모로 먼저 시작되는지를 차근히 살펴보고 각 운모가 가진 음가를 정확히 소리 낼 수 있도록 지도한다.

③ 우리말에 없는 발음 또는 영어와 표기는 같지만 발음이 다른 경우는 특히 주의하여 집중적으로 연습할 수 있도록 한다.

2. 잰말놀이

본 과의 잰말놀이는 혼동하기 쉬운 중국어 발음 중 'ou', 'uo'를 집중적으로 연습하기 위한 것이다. 잰말놀이를 통해 중국어 발음에 익숙하지 않은 학생들이 흥미를 갖도록 할 수 있다. 처음에는 천천히 읽게 하고, 성취도에 따라서 점차 빠르게 읽을 수 있도록 지도한다. 잰말놀이를 연습하는 과정에서 단어의 학습이 자연스럽게 진행될 수는 있으나, 교사가 의도적으로 단어 및 문형 학습에 비중을 두지 않도록 한다. 학생들이 중국어 발음을 정확하고 자연스럽게 연습하면서 어감을 느낄 수 있도록 지도한다.

① 리듬에 맞춰 가볍게 따라 읽게 한다.

② 부정확하거나 쉽게 틀리는 발음이 무엇인지 파악하고 교정한다.

③ 간단한 동작이나 율동을 통해서 잰말놀이에 포함된 단어의 뜻을 기억하도록 지도한다.

보충

夸骆驼 kuā luòtuo

骆驼驮着货，货用骆驼驮。
Luòtuo tuó zhe huò, huò yòng luòtuo tuó.
낙타가 짐을 메고 가요, 짐은 낙타에 실었어요.

伯伯牵骆驼，一个跟一个。
Bóbo qiān luòtuo, yí ge gēn yí ge.
큰아버지께서 낙타를 한 마리, 또 한 마리 줄이어 끌어요.

穿过大沙漠，不怕渴和热，
Chuān guò dà shāmò, búpà kě hé rè,
큰 사막을 가로지르는데 갈증과 더위도 두려워하지 않아요.

伯伯夸骆驼：干活儿真不错。
Bóbo kuā luòtuo: gàn huór zhēn búcuò.
큰 아버지께서 낙타를 칭찬하네요: 일을 참 잘하는구나!

'驮'의 발음은 'tuó'와 'duò' 두 가지가 있는데, '(가축의) 등에 짐을 지우다', '(사람이) 등에 짊어지다'의 의미일 때는 'tuó'로 발음하고, 말이나 소로 실어 나르는 짐을 지칭할 때에 'duò'로 발음하기 때문에 이 잰말놀이에서는 'tuó'라고 발음하는 것이 정확하다.
잰말놀이는 종종 상식에 어긋나고 말이 앞뒤가 맞지 않는 경우가 있는데 이런 우스꽝스러운 잰말놀이를 활용하는 것도 그 나름의 장점이 있다. 상식에서 벗어났다는 것만으로도 학생들의 흥미를 유발할 수 있으며, 항상 사고하던 틀에서 벗어나 역으로 생각해 보는 기회를 가지고 상상력을 기를 수도 있다. 어떤 학자는 논리적으로 맞지 않는 잰말놀이를 반복해서 암송하는 과정에서 실생활에서 받게 되는 크고 작은 압박감을 해소할 수 있다고 한다. 초등학생들에게 어떤 교육적인 효과가 있을지는 차치하더라도, 재미있고 새로운 내용의 잰말놀이를 활용함으로써 교실의 분위기가 훨씬 즐거워질 것임은 틀림없다.

学生词 새 단어를 배워봐요

1 새 단어를 큰 소리로 따라 읽어 보세요.

养 yǎng 기르다, 키우다
只 zhī 마리[동물을 세는 단위]
小狗 xiǎogǒu 강아지
宠物 chǒngwù 애완동물
可爱 kě'ài 귀엽다
它 tā 그/그것, 저/저것[사물이나 동물 등]
眼睛 yǎnjing 눈
长 cháng (길이가) 길다
尾巴 wěiba 꼬리

2 획순에 주의하여 올바르게 한자를 써 보세요.

只 zhī 마리 丨 ㄇ 口 尸 只
长 cháng (길이가) 길다 ⺈ 𠂉 ⻓ 长

我养一只小狗。 77

学生词 새 단어를 배워봐요

1. 어휘 학습

① 녹음을 듣고 큰 소리로 따라 읽게 한다.
② 단어의 의미와 주의해야 할 발음을 설명한다.

养 yáng 기르다, 키우다

只 zhī 마리[동물을 세는 단위]

小狗 xiǎogǒu 강아지
'개'를 뜻하는 '狗' 앞에 '작다'라는 의미의 '小'를 붙여 강아지를 표현함을 알려 준다.

宠物 chǒngwù 애완동물

可爱 kě'ài 귀엽다
두 번째 음절이 'a', 'o', 'e'로 시작할 때 격음부호(')를 붙인다. 격음부호는 음절을 정확히 구분하기 위해 표기하는 것임을 간단히 언급한다.

它 tā 그/그것, 저/저것[사물이나 동물 등]
사물이나 동물을 가리킬 때 쓰인다. '们'은 원래 사람의 복수를 나타낼 때 붙이지만, 예외적으로 '它们'이 사용될 수 있다.

眼睛 yǎnjing 눈
'yǎnjìng'으로 발음하면 '안경(眼镜)'이 되므로 'jing'을 정확하게 경성으로 발음할 수 있도록 지도한다.

长 cháng (길이가) 길다

尾巴 wěiba 꼬리

③ 녹음을 다시 듣고 따라 읽게 한다.

보충

격음부호

'a', 'o', 'e'로 시작하는 영성모(零声母) 음절이 다른 음절 바로 뒤에 위치하게 되면 음절의 경계가 모호해서 다른 단어로 발음할 수 있다. 따라서 격음부호를 사용하여 앞 단어의 발음이 어디까지인지를 표기한다. 격음부호는 보통 앞음절이 끝나는 부분과 영성모 시작 부분 사이에 표기한다. 만약 'Tiān'ānmén(天安门)'에 격음부호로 음을 구분하지 않으면 'Tia'와 'nan'으로 잘못 발음할 수 있음을 예로 들어 설명한다. 다음은 격음부호 유무의 차이가 있는 단어들이며, 교사는 학생의 이해를 돕기 위해 몇 가지 예를 들어 설명할 수 있다.

예 西安 xī'ān 시안(지역명) – 先 xiān 앞, 전
方案 fāng'àn 방안 – 反感 fǎngǎn 불만을 가지다
酷爱 kù'ài 몹시 사랑하다 – 快 kuài 빠르다

2. 쓰기 연습

① 교사는 제시된 단어를 칠판에 쓰면서 획순을 알려 준다.
② 획순에 주의하여 학생 스스로 써 보도록 한다.
③ 학생들이 잘못 쓰는 글자를 다시 한 번 짚어 준다.
④ 학생이 칠판 앞으로 나와서 교사가 지정해 준 한자를 획순에 맞게 써 보고 발음해 보도록 한다.

只 부수 口 총 5획

• 위에서 아래방향으로 쓴다.

丨 ㄇ 口 尸 只

长 부수 长 총 4획

• 세번째 획은 한 번에 이어 쓴다.

⺈ 𠂉 ⻓ 长

참고 사이트

www.yes-chinese.com/tzg/
→ 필순이 포함된 쓰기 활동지를 만들 수 있다.

www.yes-chinese.com/card/
→ 학습내용에 따라 한자카드를 만들 수 있다.

마무리하기

1. 학습 내용 정리

수업 내용에 관한 질문을 통해 학생들의 이해도를 점검한다. 학생들이 특히 어려워하는 부분이 어디인지 확인하고, 다시 한 번 짚고 넘어간다.

2. 과제 부여

① 본서 76쪽의 '발음 연습'과 '잰말놀이'를 큰 소리로 읽는 연습을 해 오도록 한다.
② 학습한 단어의 뜻과 한어병음이 익숙해질 수 있도록 멀티 CD (TRACK 56)를 반복해서 듣고 오게 한다.

2차시 78~79쪽

학습 목표

- 애완동물에 대해 묘사할 수 있다.
- 형용사를 중첩하여 의미를 강조할 수 있다.

수업 준비물

교재, 멀티 CD

들어가기

1. 지난 시간 복습

① 과제를 확인한다.

② 그림 자료나 PPT 등의 시각 자료를 활용하여 지난 차시에 다룬 문화 관련 내용을 확인한다.

2. 새로 배울 내용 소개

① 학습 목표를 소개한다.

② 본문의 그림을 보고 어떤 상황인지 유추해 보도록 한다.

펼치기

一起说 친구들과 대화해요

1. 단어 확인하기

① 단어 카드를 활용하여 지난 시간에 학습한 단어를 읽어 보게 한다. 멀티 CD의 단어 플래시를 활용하여 단어를 복습할 수도 있다.

② 교사가 중국어로 단어를 제시하면 학생들은 우리말로 그 단어의 뜻을 말한다.

③ 학생들이 단어의 뜻을 정확하게 이해했다면, 교사는 학생들에게 우리말로 단어를 제시하고 중국어로 대답해 보게 한다.

2. 녹음 듣고 문장 연습하기

① 녹음을 들려 주고 따라 읽게 한다.

② 문장 단위로 따라 읽게 하고 해석한다.

본문 해석

惠敏	你养宠物吗? 너는 애완동물을 키우니?
大卫	我养一只小狗，叫旺旺。 나는 강아지 한 마리를 키우는데, 왕왕이라고 해.
惠敏	旺旺可爱吗? 왕왕이는 귀여워?
大卫	它有大大的眼睛，长长的尾巴，很可爱。 왕왕이는 아주 큰 눈과 아주 긴 꼬리를 가지고 있는데, 무척 귀여워.

③ 교재의 문장을 정확한 발음으로 읽어 보도록 한다.

④ 두 사람씩 짝을 지어 대화문을 연습해 보게 한다. 역할을 바꾸어 가면서 연습하도록 지도하여 반복적인 연습이 지루해지지 않게 주의한다.

⑤ 간체자만 보고 본문을 읽는 연습을 한다.

보충

중국의 다양한 애완동물

전통적으로 중국인의 새에 대한 사랑은 각별해서 새를 기르는 사람들이 많았다. 아침에 조롱을 들고 새를 감상하는 모습은 베이징 곳곳에서 볼 수 있다. 이들은 자신이 키우는 새를 감상하거나 동호인들끼리 각자 자신이 기르는 새의 생김새나 훈련 정도 등을 견주어 보기도 한다. 그러나 최근에는 애완동물의 종류가 다양해지면서 예전에 비해 새를 기르는 사람의 수가 줄어들었다고 한다. 새 이외에도 다양한 종류의 애완동물이 있는데, 그 중 몇 가지 이색 동물의 중국어 표현을 살펴보면 다음과 같다.

刺猬 cìwei 고슴도치 | 鬣蜥 lièxī 이구아나 | 变色龙 biànsèlóng 카멜레온 | 仓鼠 cāngshǔ 햄스터 | 金鱼 jīnyú 금붕어 | 乌龟 wūguī 거북이 | 松鼠 sōngshǔ 다람쥐

3. 문장 듣고 해석하기

교사가 읽어 주는 내용을 듣고 우리말로 해석하게 한다.

4. 해석 듣고 중국어 문장으로 말하기

① 실제 대화하는 것처럼 자연스럽게 말하도록 지도한다.

② 짝과 함께 회화 내용을 연습하고, 역할을 바꾸어 반복 연습하도록 지도한다.

마무리하기

1. 학습 내용 정리

학습 내용을 다시 한 번 확인한다. 멀티 CD 회화 애니메이션의 자막을 변경해 가며 회화 내용을 확실히 익혔는지 확인해 볼 수 있다.

2. 과제 부여

① 본문을 세 번씩 큰 소리로 읽어 오게 한다.

② 집에서 기르고 있는 애완동물이 있다면 애완동물의 외모를 생각해 보고 중국어로 표현해 보도록 한다.

◆ 학생 스스로 특정 대상에 대해 생각하고 중국어로 표현해 보는 기회를 제공하는 것에 중점을 둔다. 중국어로 문장을 완벽하게 표현할 필요는 없다. 고학년에게는 검색사이트를 통해 필요한 중국어 단어를 찾아보고 작문하는 연습을 해 보게 할 수도 있다.

지도 tip

학습자에게 정확한 내용을 전달하고 잘 지도하는 것도 중요하지만 중국어 학습 환경을 조성하는 것 또한 교사의 중요한 역할이다. 학생들이 중국어를 접할 수 있는 시간은 대부분 수업 시간이 전부이기 때문에 수업 현장을 중국적인 색채가 강하게 느껴지도록 꾸민다거나 중국 관련 게시물을 배치함으로써 간접적인 교육의 효과를 도모한다.

중국 관련 게시물을 만들 수 있는 비교적 간단한 활동으로 신문이나 콜라주 만들기가 있다. 신문이나 콜라주를 만드는 활동은 학생들의 팀워크를 필요로 하기 때문에 학생 간에 중국어 학습 수준 차이가 존재하더라도 별 무리 없이 진행할 수 있으며, 공부를 잘하는 학생이 반드시 활동을 잘하는 것은 아니므로 다양한 참여 기회의 제공으로서도 의미가 있는 활동이다.

각 단원마다 꾸준히 이 활동을 진행하고 교실에 게시를 해둘 수 있다면 이상적이지만, 그렇지 않다면 종이의 크기를 전지가 아닌 A4 정도로 작게 시작한다. 결과물을 파일첩에 모아서 스크랩북 형식으로 만들어 두어 학생들이 수시로 볼 수 있도록 한다.

모조전지는 약 80cmx110cm의 얇고 부드러운 하얀색 종이를 말하는데, 구입하기도 쉽고 장기 보관을 위해 접어둘 수 있기 때문에 편리하다. 모조전지를 사용하는 활동은 학생의 개별적인 활동이 아니라 소그룹 또는 조별 활동이므로 공동체 의식을 발달시키고 팀워크 향상에 도움이 된다. 또한 결과물이 완성되었을 때 함께 느끼는 성취감은 중국어 수업 분위기 조성에 큰 도움이 된다.

'신문 만들기'의 간단한 과정은 다음과 같다.

1) 모조전지 한 장과 색칠 도구를 나눠 준다. 학생들이 개별적으로 색연필, 크레파스, 매직펜 등을 준비해 오도록 할 수 있다.

2) 학습한 기간이나 날짜를 쓰고 배웠던 내용을 정리해 보도록 한다. 단어를 그림으로 설명하는 섹션을 꾸밀 수도 있고, 본문 대화문은 유지하되 그 대화가 이루어질 수 있는 상황을 바꿔서 큰 그림으로 표현할 수도 있다.

3) 신문이 완성되면 조별로 발표를 하고, 어느 조가 제일 열심히 잘 만들었는지 학생들과 함께 평가한다. 잘한 조 신문 아래에 별모양 스티커를 붙여준다거나 칠판에 붙여 두고 즉석 투표를 할 수도 있다.

전지에 그리기 전에 신문을 어떤 식으로 구성할 것인지 대강의 윤곽을 잡고 시작할 수 있도록 논의 시간을 주어야 한다. 단, 신문 만들기에 소요되는 시간이 너무 길어질 수 있으므로 정해진 시간 내에 완성할 수 있도록 한다. 소외되거나 참여하지 않는 학생은 없는지 세심한 주의를 기울인다. '신문 만들기'는 편의상 붙인 이름이다. 완전한 의미의 결과물을 요구하기보다는 활동을 통해 학습한 내용을 다시 한 번 정리하고, 함께 살펴보는 보조교구로서의 의미를 부여한다. 대략적인 과정을 소개하기는 했으나 구체적인 진행 과정은 교사가 학생의 학년, 나이, 수준 등을 고려하여 융통성 있게 조절해야 한다.

3차시 80~81쪽

学一学 차근차근 익혀봐요

'只'는 동물 또는 가축을 세는 단위입니다.

一只小狗
Yì zhī xiǎogǒu
강아지 한 마리

羊 yáng 양　老虎 lǎohǔ 호랑이　熊猫 xióngmāo 판다

'大'나 '长'과 같이 사물의 상태나 성질을 나타내는 표현을 반복해 주면 의미가 더욱 강조됩니다.

大大的眼睛，长长的尾巴
dàdàde yǎnjing, chángchángde wěiba
아주 큰 눈, 아주 긴 꼬리

小小的手
xiǎoxiǎode shǒu 아주 작은 손

短短的头发
duǎnduǎnde tóufa 아주 짧은 머리카락

80 7과

학습 목표

- 양사 '只'를 활용하여 동물을 셀 수 있다.
- 형용사를 중첩하여 의미를 강조할 수 있다.

수업 준비물

교재, 음성 자료

들어가기

1. 지난 시간 복습

① 애완동물을 기르고 있는지 문답식으로 확인하거나, 애완동물에 대해 중국어로 설명해 보게 한다.

② 지난 차시 학습 내용을 확인한다.
상황에 맞는 그림 또는 PPT 자료를 활용하여 확인한다.

2. 새로 배울 내용 소개

① 학습 목표를 소개한다.

② 주제와 관련된 내용을 소개한다.

펼치기

学一学 차근차근 익혀봐요

1. 양사 '只'를 활용한 표현

① 녹음을 듣고 정확한 발음으로 따라 읽도록 지도한다.

② 새 단어의 의미를 확인하고 문장으로 연습해 본다.

③ 제시된 표현을 교사와 학생이 번갈아 읽어 본다.

> 一只小狗 강아지 한 마리
>
> 밑줄 친 부분을 바꿔서 말해봐요!
>
> 一只羊 양 한 마리
> 一只老虎 호랑이 한 마리
> 一只熊猫 판다 한 마리

◆ 양사 앞의 숫자를 '一' 대신 '两', '三' 등으로 바꿔 말해 보는 연습을 함으로써 숫자와 양사에 모두 익숙해질 수 있도록 한다.

2. 형용사 중첩

① 녹음을 듣고 정확한 발음으로 따라 읽도록 지도한다.

② 새 단어의 의미를 확인하고 문장으로 연습해 본다.

③ 제시된 표현을 교사와 학생이 번갈아 읽어 본다.

> 大大的眼睛，长长的尾巴 아주 큰 눈, 아주 긴 꼬리
> 小小的手 아주 작은 손
> 短短的头发 아주 짧은 머리카락

보충

형용사 중첩

형용사를 중첩하면 본래의 의미를 강조할 수 있는데, '很'보다 강한 느낌을 갖는다. 단음절의 경우 AA형식으로 중첩하며, 보통 뒤에 '的'를 붙인다.

예 红红的 | 好好的 | 胖胖的 | 帅帅的 | 贵贵的

1음절 동사의 중첩은 두 번째 동사가 경성으로 발음되지만 1음절 형용사의 경우 성조 변화가 없다.

2음절 형용사는 ABAB 또는 AABB 형식으로 중첩한다.

① AABB
예 大大小小 | 老老少少 | 漂漂亮亮 | 早早晚晚

② ABAB
예 雪白雪白

지도 tip

교사는 기본적인 형용사의 중첩에 대해 정확하게 숙지해야 한다. 그러나 어린 연령의 학생에게 2음절 형용사 중첩의 규칙까지 정확하게 이해하도록 기대하는 것은 바람직하지 않다. 『신나는 어린이 중국어 ①』에서 배웠던 2음절 형용사 '漂亮'을 기억하는 학생이 있다면 '漂亮'을 강조하기 위한 중첩의 형태는 '漂漂亮亮'이라는 정도의 예시만 들어 준다.

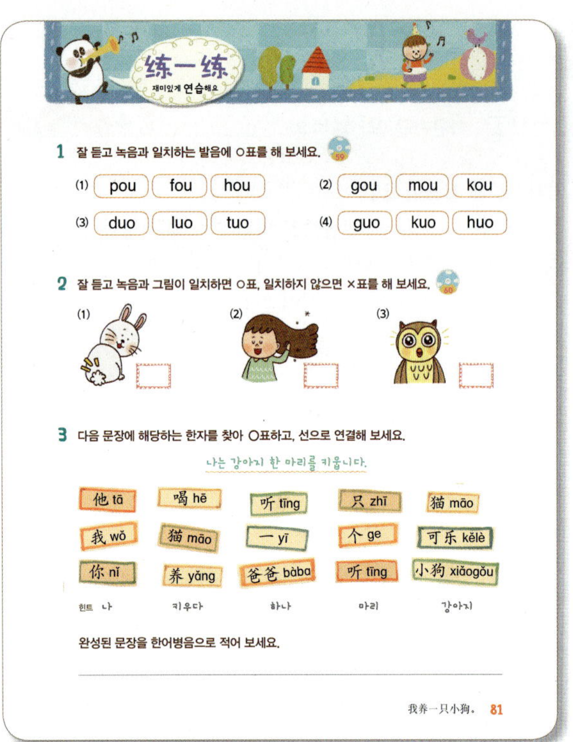

练一练 재미있게 연습해요

1 잘 듣고 녹음과 일치하는 발음에 ○표를 해 보세요.

(1) pou fou hou (2) gou mou kou

(3) duo luo tuo (4) guo kuo huo

2 잘 듣고 녹음과 그림이 일치하면 ○표, 일치하지 않으면 ×표를 해 보세요.

(1) (2) (3)

3 다음 문장에 해당하는 한자를 찾아 ○표하고, 선으로 연결해 보세요.

나는 강아지 한 마리를 키웁니다.

他 tā	喝 hē	听 tīng	只 zhī	猫 māo
我 wǒ	猫 māo	一 yī	个 ge	可乐 kělè
你 nǐ	养 yǎng	爸爸 bàba	听 tīng	小狗 xiǎogǒu
힌트 나	키우다	하나	마리	강아지

완성된 문장을 한어병음으로 적어 보세요.

我养一只小狗。 81

练一练 재미있게 연습해요

1. 녹음과 일치하는 발음 찾기

① 녹음을 들려준 후, 문제를 풀게 한다.
② 정답을 확인하고, 문제 풀이를 한다.
③ 녹음을 다시 한 번 듣고 따라 읽게 한다.

녹음대본

(1) fou (2) gou (3) tuo (4) kuo

[정답] (1) fou (2) gou (3) tuo (4) kuo

◆ 혼동하기 쉬운 운모 'ou', 'uo'가 포함된 단어를 활용해 성모를 정확하게 구분할 수 있는지 확인하기 위한 문제이다.

2. 녹음과 그림이 일치하는지 판단하기

① 녹음을 들려준 후, 문제를 풀게 한다.
② 정답을 확인하고, 문제 풀이를 한다.
③ 녹음과 일치하지 않는 그림에 알맞은 중국어 표현을 해 보도록 한다. 또는 녹음의 내용과 일치하도록 그림을 그려 보게 할 수도 있다.

녹음대본

(1) 长长的尾巴 chángcháng de wěiba 아주 긴 꼬리
(2) 短短的头发 duǎnduǎn de tóufa 아주 짧은 머리
(3) 大大的眼睛 dàdà de yǎnjing 아주 큰 눈

[정답] (1) × (2) × (3) ○

3. 문장 완성하기

① 제시된 한국어 해석과 힌트를 보고 알맞은 한자를 고르게 한다.
② 완성된 문장을 한어병음으로 써 보게 한다.
③ 완성된 문장을 큰 소리로 읽어 보게 한다.

[정답] 我/养/一/只/小狗
Wǒ yǎng yì zhī xiǎogǒu.

보충

'콜라주 포스터 만들기'

콜라주 기법은 종이에 사진이나 글씨를 오려 붙여서 자신이 의도하는 주제를 창의적으로 표현하는 방법이다. 콜라주 포스터 만들기는 학습한 내용을 학생 스스로 정리할 수 있도록 도와준다. 미술 기법이 가미되었기 때문에 학생들의 적극적인 참여를 독려할 수 있다는 장점도 있으며, 결과물이 제각기 다른 개성을 드러낼 수 있어서 과정과 결과가 매우 흥미롭다.

'콜라주 포스터 만들기'의 간단한 과정은 다음과 같다.

(1) 모조전지와 콜라주 포스터를 만들 재료를 나눠 준다. (잡지, 사진, 전단지, 가위, 풀, 색칠도구, 매직 등)
(2) 학습한 내용과 관련된 주제를 정해서 학생들에게 알려주고, 조별로 콜라주 포스터 만들기를 진행하도록 한다. 주제는 하나만 가지고 갈 수 있지만, 몇 가지 안을 미리 준비할 수도 있다. 주제를 너무 구체적이고 작은 범위로 국한하면 비슷한 작품이 나오게 된다. 학생들의 사고력과 상상력을 자극하기 위해 큰 범위의 주제를 선정한다.
(3) 제한 시간을 정해 두고 그 시간 내에 만들도록 한다. 콜라주 포스터 만들기를 위한 재료를 준비할 때, 교사는 되도록 다양한 유형의 자료를 제공해야 획일적이지 않고 다양한 작품이 만들어진다. 그리고 색감이 풍부한 자료를 활용하는 것이 작품이 완성되었을 때 보기에 더 좋다.

'신문 만들기'에 비해 '콜라주 포스터 만들기'의 난도가 높으므로, 한 수업에서 다양한 학년이 함께 진행을 하는 경우 저학년은 학습 단원의 내용을 바탕으로 한 '신문 만들기'를 진행하고, 고학년은 '콜라주 포스터 만들기'를 진행하는 방식도 고려해 볼 만하다.

교재의 연습문제를 학습한 후, 워크북 문제를 함께 풀어 볼 수 있다. 워크북을 푸는 과정을 통해 학생들에게는 학습한 내용을 한번 더 확인하는 기회를 제공하고, 교사는 학생들의 이해 정도를 파악하여 필요한 지도를 보충하거나 다음 수업의 난이도를 조정할 수 있다.

마무리하기

1. 학습 내용 정리

① 学一学에서 학습한 내용을 정확히 이해했는지 확인한다.
② 연습문제에서 학생들이 자주 오류를 범하는 내용에 대해 다시 한 번 정리한다.

2. 과제 부여

이번 시간에 학습한 내용을 자연스럽게 표현할 수 있도록 연습해 오게 한다.

4차시 82~83쪽

학습 목표

- 태어난 해를 나타내는 12가지 동물을 중국어로 말할 수 있다.
- 노래를 통해 학습 내용을 숙지하여 중국어 표현 능력을 향상시킬 수 있다.

수업 준비물

교재, 멀티 CD

들어가기

1. 지난 시간 복습
   ① 과제를 확인한다.
   ② 学一学 에서 다룬 표현을 함께 읽어 보거나 간단한 질문을 통해 복습한다.

2. 새로 배울 내용 소개
   ① 학습 목표를 소개한다.
   ② 주제와 관련된 내용을 소개한다.
   학생들에게 생년월일을 묻고, 무슨 띠인지 물어 본다. 중국에서도 우리나라처럼 동물로 태어난 해를 나타냄을 알려 준다.

펼치기

高一高 실력을 쑥쑥 키워요

- 태어난 해를 나타내는 12가지 동물
  ① 그림을 보고 어떤 동물이 보이는지 혹은 어떤 동물을 좋아하는지 말해 보게 한다.
  ② 12가지 동물을 중국어로 정확히 읽어 본다.
  ③ 충분히 연습한 후, 하단에 제시된 띠를 묻고 답하는 표현을 연습한다.
  ◆ 여러 학년이 섞여 있는 경우에는 다양한 띠를 말해 보는 연습을 할 수 있으나, 그렇지 않은 경우에는 자신의 띠 외에 형제자매나 부모님의 띠를 말해 보게 할 수도 있다. 이때 결손가정 또는 한부모 가정 자녀에 대한 고려가 필요하다.
  ④ 수업 내용을 마무리하며 각 띠별로 갖는 성격에 대해 재미삼아 이야기해 줄 수도 있고, 12가지 동물이 순서대로 나오는 짧은 동영상을 보여줄 수도 있다.
  ◆ http://www.iqiyi.com/w_19rrcjqppx.html에는 12지신 관련 동영상이 제공되는데, 중국어 노래 가사를 번역하며 들려줄 수도 있고, 간단히 동물의 모습을 순서대로 확인해볼 수 있다.

보충

12지신 이야기

12지신에 관한 설화는 여러 가지가 있는데 그 중 대표적인 이야기는 다음과 같다.
먼 옛날 하느님이 지상의 모든 동물들에게 정월 초하루에 세배하러 오라고 말하며, 제일 먼저 도착한 동물부터 열두 번째 도착한 동물까지는 복을 주겠다고 했다. 달리기에 자신이 없던 소는 그믐날 밤에 출발하여 가장 먼저 도착하게 된다. 그런데 소가 일등으로 도착하려는 순간에 소 등에 몰래 타고 왔던 쥐가 얼른 뛰어내려와 일등을 가로챘다. 그 다음으로 달리기에 능한 호랑이가 쉬지 않고 달려와 3등이 되었고, 달리기에 자신 있던 토끼는 도중에 낮잠을 자는 바람에 4등으로 들어왔다. 뒤 이어 용, 뱀, 말, 양, 원숭이, 닭, 개, 돼지가 순서대로 도착해서 12지신이 정해졌다고 한다.

지도 tip

태어난 해를 나타내는 12가지 동물과 관련된 한자를 한 글자씩 비교적 크게 설정해서 출력한다.

예

학생들에게 나눠 주고 한자를 활용해서 그 한자의 의미가 드러나도록 그림을 그려보게 하거나, 한자를 예쁘게 꾸미고 한자 시이시이에 해당 동물이 숨어 있게 그려 보도록 한다. 완성한 학생은 교실 앞으로 나와서 간단하게 발표를 하거나 자리에서 일어나 친구들에게 소개를 할 수 있다. 학생들이 만든 자료는 코팅을 하거나 파일에 넣어서 해당 학기의 학습 자료로 활용할 수 있다. (활동지는 http://cafe.naver.com/funchinese/5415에서 제공)

玩一玩 신나게 놀아 봐요

- **노래로 배워요: 두 마리 호랑이**

본 과의 학습 내용으로 구성된 노래를 연습하면서 학습한 표현이 익숙해지도록 한다. 노래를 통한 연습에서 중국어 성조는 무시되므로, 성조를 제외한 성모와 운모의 결합 발음에 주의하면서 부르도록 지도한다.

① 노래에 등장하는 새 단어를 학습한다.
② 가사를 정확한 성조로 읽어 본다.
③ 단어의 뜻을 생각하며 함께 해석해 본다.

◆ 학생들이 단어의 뜻을 어느 정도 기억한다면 하단의 해석을 보지 않고 문장의 의미를 스스로 파악해 보는 기회를 제공한다. 주어진 한정된 정보를 바탕으로 해당 문장이 전달하는 메시지를 추측하는 연습은 사고력 확장에 도움이 된다.

④ 멜로디에 맞춰 노래를 불러 본다.
⑤ 발음의 숙련도에 따라 속도를 조절하며 노래를 불러 볼 수 있다.

보충

중국어판 '小白兔白又白'를 추가적으로 불러 볼 수도 있다. 멜로디가 위주인 노래보다는 챈트로 부르는 경우가 대부분이다.

예 小白兔白又白，Xiǎo báitù bái yòu bái,
两只耳朵竖起来。liǎng zhī ěrduo shùqǐlai.
爱吃萝卜，爱吃菜，Ài chī luóbo, ài chī cài,
跑起路来真叫快。pǎoqǐlùlái zhēn jiào kuài.

http://erge.qipaoxian.com/tongyao/201309/39805.html
(小白兔白又白 플래시 동영상)

http://mp3.qipaoxian.com/e/201212/33632.html
(小白兔白又白 mp3)

우리나라 동요 〈산토끼 토끼야〉를 간단한 중국어로 부를 수 있다.

예 小白兔小白兔，Xiǎo báitù xiǎo báitù,
你去哪儿，你去哪儿，nǐ qù nǎr, nǐ qù nǎr,
蹦蹦跳跳小白兔，bèngbèngtiàotiào xiǎo báitù,
你去哪儿，你去哪儿。nǐ qù nǎr, nǐ qù nǎr.

지도 tip

기존에 학습한 신체부위 관련 단어인 眼睛, 耳朵, 头发, 尾巴를 간단하게 복습하고, 鼻子, 嘴巴 정도의 단어를 추가적으로 알려준다. 신체부위를 나타내는 단어들을 활용하여 노래가사의 일부분을 바꾸어 불러 보게 하거나, 교사가 직접 바꾼 가사를 들려 주고 학생들은 노래가사에 어울리는 그림을 그리거나 해당하는 신체부위를 가려 보도록 할 수 있다.
예를 들어 교사가 '一只没有眼睛，一只没有鼻子。'라고 바꾼 가사로 노래를 들려 주면, 학생들은 가사의 내용과 일치되도록 눈과 코를 가린다.
또 다른 방법으로는 동물의 사진을 준비해 포스트 잇이나 종이쪽지로 동물 사진에서 어떤 신체 부위를 가리면, 학생들은 그 사진을 보고 중국어 문장으로 완성해서 대답해 보는 말하기 연습을 할 수 있다.
교사가 중국어 문장을 보여 주면 그 문장을 집중해서 읽고 의미를 파악한 후, 내용을 드러낼 수 있는 그림으로 완성하는 활동을 진행할 수도 있다.
같은 주제이지만 어떤 활동으로 연습하는지에 따라 듣기, 말하기, 쓰기 기능의 학습 효과가 다르게 나타날 수 있으므로 교사는 활동을 통해 얻고자 하는 학습 목표를 정확하게 파악하고 적절하게 지도할 수 있도록 주의한다.

마무리하기

1. 학습 내용 정리

① 학습한 표현을 우리말로 제시하고 이를 중국어로 말해 보게 한다.
② 해를 나타내는 12가지 동물의 사진을 제시하고 중국어로 대답하게 한다.

2. 과제 부여

노래 가사를 정확한 성조로 빠르게 읽어 보고, 가사를 보지 않고도 자신 있게 노래를 부를 수 있도록 반복하여 연습해 온다.

8 我也会骑自行车。 나도 자전거를 탈 수 있어.

단원 소개 및 학습 내용

중국의 다양한 교통수단과 관련 문화를 살펴본다. 조동사 '会'를 익혀 어떤 것을 배워서 할 수 있음을 표현할 수 있도록 한다. 또한 다양한 교통수단의 중국어 표현을 학습한다.

단원 학습 목표

1. 운모 uen, uan을 포함한 발음을 정확하게 할 수 있다.
2. 조동사 '会'를 활용하여 가능과 능력을 표현할 수 있다.
3. 다양한 교통수단을 표현할 수 있다.

단원 지도 계획

차시	교재 범위	학습 단계	학습 내용
1	84~87쪽	문화	자전거가 나가신다 길을 비켜라!
		발음	운모 uen, uan
		새 단어	본문 새 단어 학습 쓰기 연습 (会, 开车)
2	88~89쪽	회화	조동사 '会'를 사용하여 '할 수 있다'는 표현하기 교통수단 말하기
3	90~91쪽	교체 연습	'会'를 사용하여 가능, 능력 나타내기 '骑'를 사용할 수 있는 교통수단 익히기
		연습 문제	발음 및 본문 내용 관련 문제 풀기
4	92~93쪽	확장 연습	다양한 교통수단
		활동	빨리 듣고 외쳐요!

1차시 86~89쪽

학습 목표

- 중국을 대표하는 교통수단을 살펴본다.
- 운모 uen, uan과 성모를 결합하여 발음할 수 있다.
- 새 단어의 발음과 뜻을 익히고, 획순에 맞게 쓸 수 있다.

수업 준비물

교재, 멀티 CD, 단어 카드

들어가기

1. 지난 시간 복습
   ① 애완동물을 기르는지 문답식으로 확인하거나, 자신의 애완동물을 묘사해 보게 한다.
   ② '두 마리 호랑이'를 다같이 불러 본다.

2. 새로 배울 내용 소개
   ① 그림과 문화 내용을 살펴보면서 이번 단원에서 배울 내용이 무엇인지 유추해 보게 한다.
   ◆ 그림 속에 보이는 다양한 교통수단을 살펴보고, 가운데 가장 크게 부각되어 보이는 자전거가 중국을 대표하는 교통수단 중 하나임을 유추하게 한다.
   ② 실제 학생들의 생활과 밀접한 관련이 있는 부분을 언급함으로써 흥미를 유발한다.
   ③ 새로운 내용을 학습하기에 앞서 가볍게 발음 연습을 하고, 본문 학습 이전에 새 단어를 익혀 보는 시간임을 알려 준다.

펼치기

- 문화 소개: 자전거가 나가신다 길을 비켜라!
  ① 학생들이 알고 있는 교통수단을 이야기해 보게 하고, 등하굣길에 이용하는 교통수단에는 어떤 것이 있는지 이야기해 본다.
  ② 본문의 문화 내용을 함께 읽어 본다.
  ③ 이번 과에서 배우는 내용과 연관이 있음을 언급하고 수업을 시작한다.

보충

자전거 왕국

자전거는 '중국' 하면 떠오르는 대표적인 교통수단이다. 다른 지역에 비해 베이징에 자전거가 많은 이유로는 지형적인 요인을 무시할 수 없다. 사방으로 평평한 베이징은 도로가 곧고 넓게 뻗어 있어서 자전거를 타기에 매우 유리하며, 자전거를 위한 전용도로와 주차시설이 상당히 잘 마련되어 있다. 자전거가 고장이 나면 정식 점포에서도 수리할 수 있지만, 일반적으로 접근이 용이한 길거리 수리점을 이용한다. 보통 길거리 수리점은 자전거가 많이 다니는 길목에 '修车'라는 글귀를 적어서 자전거를 수리하는 곳임을 나타내는데, 그 두 글자마저 없는 곳도 많다.
예전에는 가족의 인원 수만큼 자전거를 구비하고 있는 가정도 흔히 볼 수 있었지만 도심을 누비는 자전거 부대는 그 규모가 점차 줄어들고 있다. 자동차를 사용하는 인구가 급속도로 늘어나고 있고, 자전거와 비슷한 전동차(电动车)가 젊은이들의 사랑을 받고 있기 때문이다.
중국의 전동차는 쉽게 말해 전기로 가는 오토바이라고 할 수 있다. 전동차는 모터 소리가 나지 않기 때문에 다가오는 소리가 잘 들리지 않아 교통사고가 왕왕 발생하기도 한다.

念一念 자신 있게 발음해요

1 리듬에 맞춰서 큰 소리로 따라 읽어 보세요.

dun tun lun gun
kun hun chun zun
duan tuan luan guan
kuan huan chuan zuan

2 리듬에 맞춰서 재미있는 잰말놀이를 해 보세요.

Zūnjìng lǎoshī, zūnjìng fùmǔ
Guān'ài tóngxué, guān'ài péngyou
Hǎohǎo xuéxí, hǎohǎo zuòrén
Nǔlì fèndòu, měimèng chéngzhēn

86 8과

念一念 자신있게 발음해요

1. 발음 연습

① 녹음을 들려 주고 따라 읽게 한다.

② 쉽게 틀리는 발음이 무엇인지 파악하고 교정해 준다.

◆ 운모 'uen', 'uan'을 포함한 발음 연습이다. 'uen'은 입술을 작게 오므린 상태에서 '우'를 발음하고 연이어 '언'을 발음한다. 운모 'uen' 앞에 성모가 오면 가운데의 'e'는 생략하고 'un'으로 표기한다. 그런데 'un'에서 'e'는 표기만 생략된 것이므로 'e(어)' 발음은 약하게 살아 있다. 만약 'u'로 시작하는 운모 앞에 성모가 오지 않을 경우에는 'u'를 'w'로 바꿔 표기해야 한다. 이때의 'w'는 '영성모'라고 하는데, 수업시간에 굳이 '영성모'라는 명칭까지 알려줄 필요는 없다. 저학년의 경우에는 'wen'을 한 덩어리로 인식해서 발음을 기억할 수 있게 하면 충분하다. 'uan'은 입술을 작게 오므린 상태에서 '우'를 발음하고 연이어 '안'을 발음하는데 앞에 성모가 오더라도 가운데 'a'는 표기에서 생략되지 않으므로 지도 시 별다른 어려움은 없다. 단, 'uen'과 마찬가지로 'u' 앞에 다른 성모가 오지 않을 때는 'uan'이 아니라 'wan'으로 표기해야 한다. 이것도 'uen'과 마찬가지로 'wan'이라는 발음으로 자연스럽게 익힐 수 있도록 지도한다.

지도 tip

중국어 발음을 정확하게 구사하기 위해서는 입을 충분하게 움직여야 하는데, 학생들은 스스로 중국어에 어느 정도 익숙해졌다는 느낌이 들면 입 모양을 우물거리면서 작게 움직이는 경향을 띈다. 따라서 교사는 평소 발음 연습을 하거나 본문 낭독을 할 때 입 모양을 크고 정확하게 움직이는 모습을 충분히 보여 주어, 학생 스스로 정확한 발음에 신경을 쓰면서 읽을 수 있도록 꾸준히 지도해야 한다.

③ 우리말에 없는 발음 또는 영어와 표기는 같지만 발음이 다른 경우는 특히 주의하여 집중적으로 연습할 수 있도록 한다.

2. 잰말놀이

본 과의 잰말놀이는 혼동하기 쉬운 중국어 발음 중 운모 'uen', 'uan'을 집중적으로 연습하기 위한 것이다. 잰말놀이를 통해 중국어 발음에 익숙하지 않은 학생들이 흥미를 갖도록 할 수 있다. 처음에는 천천히 읽게 하고, 성취도에 따라서 점차 빠르게 읽을 수 있도록 지도한다. 잰말놀이를 연습하는 과정에서 단어의 학습이 자연스럽게 진행될 수는 있지만, 교사가 의도적으로 단어 및 문형 학습에 비중을 두지 않도록 한다. 학생들이 중국어 발음을 정확하고 자연스럽게 연습하면서 어감을 느낄 수 있도록 지도한다.

① 리듬에 맞춰 가볍게 따라 읽게 한다.

② 부정확하거나 쉽게 틀리는 발음이 무엇인지 파악하고 교정한다.

③ 연습 정도에 따라 속도를 조절하여 능숙하게 발음할 수 있도록 지도한다.

보충

帆船 fānchuán

大帆船，小帆船， Dà fānchuán, xiǎo fānchuán,
큰 돛단배, 작은 돛단배

竖起桅杆撑起船。 shùqǐ wéigān chēngqǐ chuán.
돛대를 세우고 배를 받쳐들면,

风吹帆，帆引船， fēng chuī fān, fān yǐn chuán,
바람이 돛에 불어오고, 돛이 배를 이끌어,

帆船顺风转海湾。 fānchuán shùnfēng zhuàn hǎiwān.
돛단배는 순조롭게 해만을 돌아다니네.

转을 'zhuǎn'으로 발음하면 '바꾸다', '전하다'이며 'zhuàn'으로 발음하면 '돌다', '회전하다', '선회하다' 등의 뜻으로 사용된다. 따라서 본 잰말놀이에서는 'zhuàn'으로 발음한다.

孙伦打靶 Sūnlún dǎbǎ

孙伦打靶真叫准， Sūnlún dǎbǎ zhēn jiào zhǔn,
손륜의 사격은 정말로 정확하고,

半蹲射击特别神。 bàndūn shèjī tèbié shén.
쪼그려 앉은 채로 사격을 하는 것은 신기에 가까웠네.

本是半路出家人， Běn shì bànlù chūjiārén,
원래 도를 닦는 출가의 길을 걷고 있었으나,

摸爬滚打练成神。 mōpágǔndǎ liàn chéng shén.
힘들게 일을 하고 수련에 수련을 거듭하여 신선이 되었네.

学生词 새 단어를 배워봐요

1 새 단어를 큰 소리로 따라 읽어 보세요.

会 huì (배워서) ~를 할 수 있다
骑 qí (동물이나 자전거 등을) 타다
自行车 zìxíngchē 자전거
开车 kāi chē 운전하다
骑车 qí chē 자전거를 타다

2 획순에 주의하여 올바르게 한자를 써 보세요.

会 huì ~를 할 수 있다
开车 kāi chē 운전하다

我也会骑自行车。 87

学生词 새 단어를 배워봐요

1. 어휘 학습

① 녹음을 듣고 큰 소리로 따라 읽게 한다.
② 단어의 의미와 주의해야 할 발음을 설명한다.

会 huì (배워서) ~를 할 수 있다
'ui'를 'uei'로 정확히 발음할 수 있도록 지도한다.

骑 qí (동물이나 자전거 등을) 타다
동물이나 자전거 등 주로 두 다리를 벌리고 타는 교통수단을 탈 때 사용한다.

自行车 zìxíngchē 자전거
'zi'에서 'i'의 발음을 '이'가 아닌 '으'로 할 수 있도록 지도한다.

开车 kāichē 운전하다
여기서 '车'는 자전거가 아닌 '자동차'라는 뜻이다.

骑车 qíchē 자전거를 타다
'骑自行车'의 줄임말이라고 풀어 설명해 줄 수 있다.

③ 녹음을 다시 듣고 따라 읽게 한다.

2. 쓰기 연습

① 교사는 제시된 단어를 칠판에 쓰면서 획순을 알려 준다.
② 획순에 주의하여 학생 스스로 써 보도록 한다.
③ 학생들이 잘못 쓰는 글자를 다시 한 번 짚어 준다.
④ 학생이 칠판 앞으로 나와서 교사가 지정해 준 한자를 필순에 맞게 써 보고 발음해 보도록 한다.

会 부수 人 총 6획

• 위에서 아래방향으로 쓴다.

丿 人 亼 亼 会 会

开 부수 廾 총 4획

• 가장 기본이 되는 필순규칙인 '위에서 아래로, 왼쪽에서 오른쪽으로'를 기억하며 쓴다.
• 제3획은 왼쪽으로 살짝 휘게 쓴다.

一 二 于 开

车 부수 车 총 4획

• 위에서 아래방향으로 쓴다.
• 두 번째 획을 두 번에 나누어 쓰지 않도록 주의한다.

一 𠫔 车 车

보충

번체자와 간체자

한국을 비롯하여 일본, 대만 등지에서 사용하고 있는 한자를 '번체자', 중국 대륙에서 사용하는 한자를 '간체자'라고 한다. '간체자'란 중국에서 문자 개혁에 따라 글자체를 간략화하여 제정한 한자로, 획수가 너무 많아서 쓰기에 복잡했던 한자의 점획을 간단하게 변형한 것이다. 중국 정부는 국민의 문맹률을 낮추기 위해 '중국문자개혁위원회(中国文字改革委员会)'를 조직하여 연구를 거듭한 끝에 1964년 '간화자총표(简化字总表)'를 간행하였다. 현대 중국에서 쓰이고 있는 간체자는 이 '간화자총표(简化字总表)'를 기본으로 하고 있다. 사실 엄격하게 구분하면 간체자란 과거 중국에서 존재했던 약자체를 모두 통칭하는 말이고, 현재 중국에서 사용되고 있는 규범화된 글자체는 '간화자(简化字)'라고 표현하는 것이 정확하다. 하지만 우리나라를 비롯한 대만 등 대부분의 국가에서 '간체자'라는 용어를 일반적으로 사용하고 있다.

마무리하기

1. 학습 내용 정리

수업 내용에 관한 질문을 통해 학생들의 이해도를 점검한다. 학습 내용 중 학생들이 특히 어려워하는 부분이 어디인지 확인하고, 다시 한 번 짚고 넘어간다.

2. 과제 부여

① 본서 96쪽의 '발음 연습'과 '잰말놀이'를 큰 소리로 읽는 연습을 해 오도록 한다.
② 학습한 단어의 뜻과 한어병음이 익숙해질 수 있도록 멀티 CD(TRACK 65)를 반복해서 듣고 오게 한다.

2차시 88~89쪽

학습 목표

- '会'를 활용하여 어떤 것을 배워서 할 수 있음을 표현할 수 있다.
- '开车', '骑车'의 의미를 구분하여 사용할 수 있다.

수업 준비물

교재, 멀티 CD

들어가기

1. 지난 시간 복습

① 과제를 확인한다.

② 그림 자료나 PPT 등의 시각 자료를 활용하여 지난 차시에 다룬 문화 관련 내용을 확인한다.

2. 새로 배울 내용 소개

① 학습 목표를 소개한다.

② 본문의 그림을 보고 어떤 상황인지 유추해 보도록 한다.

펼치기

一起说 친구들과 대화해요

1. 단어 확인하기

① 단어 카드를 활용하여 지난 시간에 학습한 단어를 읽어 보게 한다. 멀티 CD의 단어 플래시를 활용하여 단어를 복습할 수도 있다.

② 교사가 중국어로 단어를 제시하면 학생들은 우리말로 그 단어의 뜻을 말한다.

③ 학생들이 단어의 뜻을 정확하게 이해했다면, 교사는 학생들에게 우리말로 단어를 제시하고 중국어로 대답해 보게 한다.

2. 녹음 듣고 문장 연습하기

① 녹음을 들려 주고 따라 읽게 한다.

② 문장 단위로 따라 읽게 하고 해석한다.

본문 해석

爸爸、妈妈会开车。
아빠와 엄마는 운전을 하실 수 있어.

哥哥、姐姐会骑车。
오빠와 언니는 자전거를 탈 수 있어.

我也会骑自行车。
나도 자전거를 탈 수 있어.

你也会骑自行车吗?
너도 자전거를 탈 수 있니?

보충

顿号 dùnhào (、)

'顿号 dùnhào (、)'는 우리말에는 없는 문장 부호로 '모점'이라고 한다. '모점'은 대등한 단어나 구문을 병렬할 때 쓰여 가벼운 쉼을 나타내는 문장 부호이다. 본문에서도 구문을 병렬하기 위해 모점이 사용되었다.

예 爸爸、妈妈会开车。
哥哥、姐姐会骑车。

지도 tip

학생들이 수업시간에 학습한 내용을 모두 정확하게 기억하는 것은 아니다. 따라서 교사는 중요하다고 생각되는 학습 내용이 수업시간에 노출이 될 때마다 관련된 설명을 반복해서 다뤄 줌으로써, 학생들이 의도적으로 암기하는 과정을 거치지 않고도 중국어에 대한 제반 지식을 갖춰나갈 수 있도록 도와준다. 또한 '开车'와 '自行车'에 공통으로 나오는 '车'를 언급하며 다시 한 번 간체자에 대해 설명할 수 있다.
번체자를 간화하는 몇 가지 규칙이 있으나 이 규칙을 학생들에게 세세히 설명하며 수업을 진행할 필요는 없다. 개별 한자를 학습할 때 학생들이 보다 쉽게 글자를 기억할 수 있도록 상황에 맞게 간단히 설명한다. 예를 들어 '开'는 번체자 '開'에서 일부분만 나타낸 것이고, '车'는 번체자 '車'에 비해 획을 간략하게 줄였으나 그 윤곽선(틀)은 남아 있도록 하였음을 언급할 수 있다.

보충

간체자가 만들어지는 원리

1. 전체 윤곽이나 특징적인 부분 등 글자 일부만 남긴다.
   예 開 → 开 | 廣 → 广 | 電 → 电 | 聲 → 声 | 飛 → 飞 | 習 → 习
2. 부수를 간단하게 바꾼다.
   예 言 → 讠 | 食 → 饣 | 糸 → 纟 | 金 → 钅
3. 글자 일부를 간단히 부호화하여 쓴다.
   예 單 → 单 | 門 → 门
4. 발음이 비슷한 부수나 글자로 복잡한 부분을 대신한다.
   예 遠 → 远 | 園 → 园 | 歷 → 历 | 認 → 认 | 選 → 选 | 種 → 种
5. 간단한 필획으로 새롭게 형성자(形声字) 혹은 회의자(会意字)를 만든다.
   예 華 → 华(형성) | 衛 → 卫(회의)
6. 부분 편방을 줄이거나 생략한다.
   예 標 → 标 | 競 → 竟
7. 발음이 같은 글자로 복잡한 글자를 대신한다.
   예 繫 → 系 | 幾 → 几 | 後 → 后

③ 교재의 문장을 정확한 발음으로 읽어 보도록 한다.
- ◆ 학생들의 '会' 발음을 귀 기울여 들어 보고, 'hui'는 원래 성모 'h'와 운모 'uei'의 결합발음임을 인식하며 발음할 수 있도록 지도한다.

④ 두 사람씩 짝을 지어 본문 읽기를 연습해 보게 한다. 한 사람이 읽으면 나머지 한 사람은 경청한다.

⑤ 간체자만 보고 본문을 읽는 연습을 한다.

3. 문장 듣고 해석하기

교사가 읽어 주는 내용을 듣고 우리말로 해석하게 한다. 긴 문장일 경우, 교사는 의미 단락별로 나누어 제시함으로써 학생들의 부담감을 덜어 준다.

4. 해석 듣고 중국어 문장으로 말하기

① 실제 대화하는 것처럼 자연스럽게 말하도록 지도한다.

② 짝과 함께 회화 내용을 연습하고, 역할을 바꾸어 반복 연습하도록 지도한다.

마무리하기

1. 학습 내용 정리

학습 내용을 다시 한 번 확인한다. 멀티 CD 회화 애니메이션의 자막을 변경해 가며 회화 내용을 확실히 익혔는지 확인해 볼 수 있다.

2. 과제 부여

① 본문을 세 번씩 큰 소리로 읽어 보도록 한다.

② 배워서 할 수 있는 것에는 어떤 것들이 있는지 생각해 오도록 한다.

지도 tip

교사가 미리 '배워서 할 수 있는' 항목들을 몇 가지 준비해 간 후 소개해 줄 수도 있지만, '会'를 사용해서 표현할 수 있는 항목에는 어떤 것들이 있을지 수업시간에 학생들과 함께 이야기를 나눠보는 것도 좋다.
唱歌, 画画儿은 제1권에서, 做剪纸, 写汉字, 游泳, 骑自行车, 做眼保体操 등은 제2권의 앞 과에서 배웠던 내용이다. 이 외에도 간단한 요리를 할 수 있거나 밥을 지을 수 있는 친구가 있는지를 물어보고 做菜, 做饭 등의 표현을 함께 연습할 수 있다.
또 다른 표현에 대해서 학생들이 궁금해하거나 교사가 추가 학습이 필요하다고 생각하면 보충 자료로 정리해서 수업에 임할 수 있다.

3차시 90~91쪽

학습 목표

- '会'를 활용하여 가능과 능력을 나타내는 표현을 할 수 있다.
- '骑'를 활용하는 교통수단을 알고, 표현할 수 있다.

수업 준비물

교재, 음성 자료

들어가기

1. 지난 시간 복습

① 과제를 확인한다.
② 지난 차시 학습 내용을 확인한다.
조동사 '会'를 활용하여 자신이 할 수 있는 것을 말해 보게 하거나, 상황에 맞는 그림 또는 PPT 자료를 활용하여 확인한다.

2. 새로 배울 내용 소개

① 학습 목표를 소개한다.
② 주제와 관련된 내용을 소개한다.

펼치기

学一学 차근차근 익혀봐요

1. '会'를 활용하여 가능과 능력 나타내기

① 녹음을 듣고 정확한 발음으로 따라 읽도록 지도한다.
② 새 단어의 의미를 확인하고 문장으로 연습해 본다.
③ 제시된 문장을 교사와 학생이 번갈아 읽어 본다.

> 爸爸会开车。 아빠는 운전을 하실 수 있어요.
>
> 밑줄 친 부분을 바꿔서 말해봐요!
> 我会游泳。 나는 수영을 할 수 있어요.
> 姐姐会做饭。 언니는 밥을 할 수 있어요.

◆ 먼저 주어를 바꾸어 가면서 연습해 보고, 추가적으로 '你会……吗?', '谁会……?'등의 간단한 문장을 활용하여 '会'를 사용한 문장 말하기를 연습한다. '会'를 사용한 긍정표현 연습이 충분히 이루어졌다면 '不会'를 사용한 부정표현 연습도 진행할 수 있다.

2. '骑'를 활용하여 교통수단 나타내기

① 녹음을 듣고 정확한 발음으로 따라 읽도록 지도한다.
② 새 단어의 의미를 확인하고 문장으로 연습해 본다.
③ 제시된 문장을 교사와 학생이 번갈아 읽어 본다.

> 我会骑自行车。 나는 자전거를 탈 수 있어요.
>
> 밑줄 친 부분을 바꿔서 말해봐요!
> 我会骑马。 나는 말을 탈 수 있어요.
> 我会骑摩托车。 나는 오토바이를 탈 수 있어요.

◆ '骑'를 발음할 때 제2성으로 충분히 높은 음까지 올려 발음할 수 있도록 지도한다. '摩托车 mótuōchē'는 먼저 한 음절씩 끊어 정확히 발음해 본 후, 각각의 발음을 붙여서 한 단어로 발음해 보도록 순차적으로 지도를 진행한다.

지도 tip

'摩托车'의 실제적인 의미를 구분 짓는 부분은 '摩托'이기 때문에 원어민과의 회화에서는 '车'의 발음이 상대적으로 약하게 들리는 경우가 있다. 이는 '重音(zhòngyīn, 악센트)'에 의한 현상이다.
'椅子', '石头' 등의 단어를 읽을 때 앞 음절에 강세를 두어 읽는다거나, '老二', '老三' 등의 단어를 읽을 때 뒤 음절에 강세를 두어 읽는 것은 대표적인 '重音'의 예이다. '重音'을 어디에 두는지에 따라 의미가 변하기도 하는데, '过年'의 경우 앞 음절에 강세를 두고 읽으면 '내년'이라는 뜻이 되지만, 뒤 음절에 강세를 주면 '새해를 맞이하다'라는 의미가 된다.
어린 학습자들에게 이런 '重音'까지 감안해서 말하기 연습을 시키는 것은 무리이다. 초급 수준의 학습자에게는 단어의 각 음절이 가진 발음의 정확성에 좀 더 무게를 두고 지도한다.

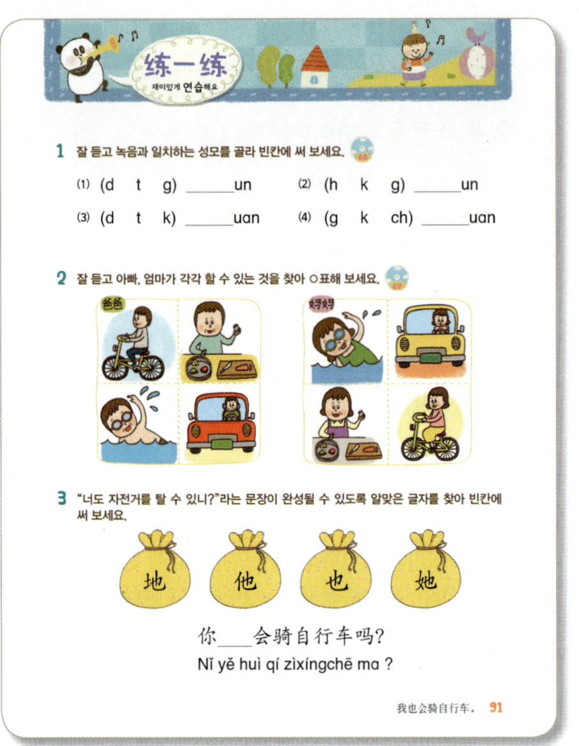
练一练 재미있게 연습해요

1 잘 듣고 녹음과 일치하는 성모를 골라 빈칸에 써 보세요.

(1) (d t g) ____un (2) (h k g) ____un
(3) (d t k) ____uan (4) (g k ch) ____uan

2 잘 듣고 아빠, 엄마가 각각 할 수 있는 것을 찾아 ○표해 보세요.

3 "너도 자전거를 탈 수 있니?"라는 문장이 완성될 수 있도록 알맞은 글자를 찾아 빈칸에 써 보세요.

地 他 也 她

你____会骑自行车吗?
Nǐ yě huì qí zìxíngchē ma ?

我也会骑自行车。 91

练一练 재미있게 연습해요

1. 녹음과 일치하는 성모 골라 쓰기

① 녹음을 들려 준 후, 문제를 풀게 한다.
② 정답을 확인하고, 문제 풀이를 한다.
③ 녹음을 다시 한 번 듣고 따라 읽게 한다.

녹음대본
(1) dun (2) kun (3) tuan (4) chuan

[정답] (1) dun (2) kun (3) tuan (4) chuan

◆ 운모 'uen', 'uan'이 포함된 발음을 활용해 성모를 정확하게 구분할 수 있는지 확인하기 위한 문제이다. 학생들이 발음하기 어려워하거나, 혼동하는 발음을 중점적으로 지도한다.

2. 녹음과 일치하는 그림에 표시하기

① 녹음을 들려준 후, 문제를 풀게 한다.
② 정답을 확인하고, 문제 풀이를 한다.
③ 녹음을 다시 한 번 듣고 따라 읽게 한다.

녹음대본
(1) 爸爸会做饭，也会游泳。
Bàba huì zuòfàn, yě huì yóuyǒng.
아빠는 밥을 하실 수 있고, 수영도 하실 수 있어요.
(2) 妈妈会开车，也会骑自行车。
Māma huì kāichē, yě huì qí zìxíngchē.
엄마는 운전을 하실 수 있고, 자전거도 타실 수 있어요.

[정답] 아빠:

엄마:

④ 정답이 아닌 그림도 중국어로 표현해 보게 한다.

3. 알맞은 글자 찾아 문장 완성하기

① 제시된 문장을 확인하고, 이를 완성하는 데 필요한 알맞은 글자를 찾아보게 한다.
② 정답을 확인하고, 문제 풀이를 한다.
③ 완성된 문장을 중국어로 읽어 보게 한다.

[정답] 也

◆ 보기에 있는 한자는 모두 '也 yě'를 포함하고 있는 글자이다.
'地 dì'는 '土'와 합쳐져 땅을 나타내며, '他 tā'는 '人'과 합쳐져 남성을 가리킬 때 쓰인다. 하지만 성별 구분의 필요없이 사람을 가리킬 때도 쓰인다. '她 tā'는 '女'와 합쳐져 여성을 가리킬 때 쓰인다.
한자는 복잡하고 무조건 암기해야 하는 글자가 아니라 글자 속에 특별한 의미를 담고 있어, 이해하며 학습하는 글자임을 인식할 수 있도록 교사의 세심한 지도가 필요하다.

교재의 연습문제를 학습한 후, 워크북 문제를 함께 풀어 볼 수 있다. 워크북을 푸는 과정을 통해 학생들에게는 학습한 내용을 한 번 더 확인하는 기회를 제공하고, 교사는 학생들의 이해 정도를 파악하여 필요한 지도를 보충하거나 다음 수업의 난이도를 조정할 수 있다. 워크북의 모든 문제를 풀어 볼 수도 있지만, 필요에 따라 교사가 취사선택하여 풀어 볼 수도 있다.

마무리하기

1. 학습 내용 정리

① 学一学 에서 학습한 내용을 정확히 이해했는지 확인한다.
② 연습문제에서 학생들이 자주 오류를 범하는 문제에 대해 다시 한 번 정리한다.

2. 과제 부여

이번 시간에 학습한 내용을 자연스럽게 표현할 수 있도록 연습해 오게 한다.

4차시 | 92~93쪽

학습 목표

- 다양한 교통수단을 표현할 수 있다.
- 게임을 통해 학습 내용을 숙지하여 중국어 표현 능력을 향상시킬 수 있다.

수업 준비물

교재, 멀티 CD

들어가기

1. 지난 시간 복습
   ① 과제를 확인한다.
   ② 学一学에서 다룬 표현을 함께 읽어 보거나 간단한 질문을 통해 복습한다.

2. 새로 배울 내용 소개
   ① 학습 목표를 소개한다.
   ② 주제와 관련된 내용을 소개한다.
   학생들이 일상생활에서 자주 이용하는 교통수단이나 알고 있는 교통수단을 말해 보게 한다.

펼치기

高一高 실력을 쑥쑥 키워요

- 다양한 교통수단
  ① 그림에 어떤 교통수단들이 있는지 살펴보며, 정확한 발음으로 단어를 읽어 보게 한다.

◆ 飞机	앞 뒤 음절 모두 제1성으로 정확하게 발음할 수 있도록 지도한다.
船	권설음 'ch'의 발음에 주의하고, 제2성으로 충분히 올려 발음하도록 지도한다.
火车	예전에는 기차를 운행할 때 석탄을 때웠기 때문에 기차에 '불 화(火)'를 사용하여 '火车 huǒchē'라고 표현함을 언급한다.
公共汽车	다수, 공동을 나타내는 '公共'이 들어간 차, 즉 대중교통수단인 버스를 나타냄을 알려주어 이해를 돕는다. 대만에서는 '计程车', 홍콩·마카오에서는 '的士', 싱가포르·말레이시아 등지에서는 '德士'로 불린다.
出租车	'出租汽车', '打的', '巴士' 등 지역마다 부르는 명칭에 차이가 있다.
地铁	'땅 지(地)'와 '쇠 철(铁)'이 합쳐진 단어로 지하철을 의미함을 알려 준다.

  ② 녹음을 듣고 정확한 발음으로 함께 따라 읽도록 지도한다.
  ◆ 앞서 학습한 '自行车', '马', '摩托车'는 다리를 벌려 타는 특징을 갖는 교통수단으로 모두 동사 '骑'를 사용함을 짚어 준다. 이와 달리 이번 차시에 학습한 단어들은 모두 '坐'를 사용함을 알려 준다.
  ③ 충분히 연습한 후, '会'를 활용하여 문장 말하기 연습을 진행한다.

보충

'坐'와 '骑'

'坐'와 '骑'는 모두 '타다'라는 의미를 갖고 있지만 약간의 차이가 있다. '坐'는 버스나 지하철, 자동차와 같은 일반적인 교통수단을 탄다는 표현을 할 때 사용하며, '骑'는 두 다리를 벌리고 타는 오토바이나 자전거와 같은 교통수단 앞에 사용한다. 그렇기 때문에 '자전거를 타다'는 표현은 '骑自行车'라고 한다.
하지만 '坐自行车'로 표현해도 틀린 표현은 아니다. 예를 들어 두 사람이 함께 나란히 자전거에 타 있을 경우, 앞쪽 좌석에서 다리를 벌리고 앉아 자전거를 타는 사람에게는 '骑'를 사용할 수 있고, 다리를 모으고 뒷좌석에 앉은 사람에게는 '坐'를 쓸 수 있기 때문이다.
옛날에는 마차, 자동차 등을 탈 때 사람이 탑승할 수 있도록 넓은 발판을 대주었다고 한다. 발판의 유무에 따라 사용하는 동사를 구분 지어 표현했는데, 현대에는 발판을 덧대어주는 것이 없어지면서 위의 설명과 같이 앉는 자세로 구분하여 동사를 사용하고 있다.
이러한 내용은 학생들의 이해력과 학습 수준에 따라 가볍게 언급해 줄 수도 있다.

玩一玩 신나게 놀아 봐요

- **빨리 듣고 외쳐요!**

  교통수단을 나타내는 단어들을 활용하여 다음과 같은 게임을 진행한다.

  ① 109쪽의 교통수단카드를 오린 후, 모둠별로 앉아 책상 위에 카드를 펼쳐 놓는다.

  ② 술래가 우리말로 교통수단을 말하면, 나머지 친구들은 잘 듣고 재빨리 해당 카드를 들며 중국어로 외친다.

  ③ 돌아가면서 술래 역할을 하고, 카드를 가장 많이 가져간 학생이 이긴다.

보충

중국의 교통수단

중국은 넓은 영토만큼이나 다양한 교통수단이 있다. 자동차, 기차, 지하철, 버스, 자전거, 배, 비행기 등은 물론이고, 우리나라에서는 보기 드문 인력거, 전동차, 삼륜차 등의 교통수단도 이용되고 있다.

1. 기차
장거리를 이동하는 경우에는 기차, 배, 비행기 등을 주로 이용하는데, 비행기 이용료는 서민들에게는 부담이 되기 때문에 가격대가 비교적 저렴한 기차를 많이 이용한다. 중국인의 기차 이용률이 높은 이유는 가격이 지닌 경쟁력뿐 아니라 다른 교통편보다 잘 정비된 철도시설 때문이기도 하다. 따라서 대부분의 유명한 지역은 모두 기차를 이용해 갈 수가 있다.
기차는 다음과 같이 네 가지로 구분할 수 있다.

- 软卧 ruǎnwò – 푹신한 침대칸이다. 4인 1실로, 문이 있어 안에서 잠글 수 있다. 푹신한 침대가 양쪽에 2개씩 있으며, 1층 가운데에는 작은 탁자가 있다. 각 침대에는 개인용 전등이 있어 취침하는 사람들에게 피해를 끼치지 않고 독서 등 개인 용무를 볼 수 있다.
- 硬卧 yìngwò – 딱딱한 침대칸이다. 6인 1실로 3층으로 된 침대가 양쪽에 있다. 침대는 얇은 매트리스로 되어 있어 다소 딱딱한 느낌이 있다.
- 软座 ruǎnzuò – 푹신한 좌석칸을 말한다. 좌석이 푹신하여 편안하고 보통 4개의 좌석이 마주하고 있으며 공간이 다소 넓은 편이다.
- 硬座 yìngzuò – 딱딱한 좌석칸을 가리킨다. 일반적인 좌석으로 의자가 딱딱하고 의자의 기울기를 자유롭게 조절하지 못하여 장거리 여행에는 매우 불편하다. 가격이 가장 저렴하여 많이 이용한다.

2. 버스
'巴士 bāshì'라고도 한다. 이층 버스, 굴절 버스(두 대의 버스를 연결한 버스), 장거리 여행을 위한 침대 버스 등 그 종류가 다양하다.

3. 지하철
베이징, 상하이, 광저우 등의 대도시에서 볼 수 있다. 대도시에서는 지하철이 발달하여 도시 내 대부분의 지역을 지하철로 갈 수 있다. 지역에 따라 기본요금이 다르며, 거리에 따라 요금이 올라간다.

4. 택시
'的士 dīshì'라고도 하며, 기본요금은 각 지역마다 다르다. 장거리를 이동하면 다른 교통수단보다 가격이 비싼 편이다.

지도 tip

중국의 다양한 교통수단을 소개할 때, 시각 자료를 효과적으로 활용한다. 사진 자료뿐 아니라 동영상 자료를 활용하면 설명한 내용에 대한 학생들의 이해 정도가 높아진다. 예를 들어 중국의 교통수단을 살펴볼 수 있는 영화나 교통상황과 관련되어 있는 뉴스자료를 편집할 수도 있다. 『인재경도(人在囧途, Lost on Journey, 2010)』라는 중국 영화는 춘절귀향길에 일어나는 에피소드를 다룬 영화로 중국의 다양한 교통수단을 살펴볼 수 있으므로 영화의 편집본을 제작하거나 학생들에게 추천해 줄 수 있다.
인터넷 검색을 통해 실제 기차표를 보여 주며 기차 종류, 행선지, 시간, 가격 등에 대해 자유롭게 이야기해 보는 기회를 갖는 것도 학생들을 수업에 적극적으로 참여시킬 수 있는 방법 중 하나이다.

마무리하기

1. 학습 내용 정리

① 학습한 표현을 우리말로 제시하고 이를 중국어로 말해 보게 한다.

② 다양한 교통수단의 사진을 제시하고 적합한 표현을 중국어로 대답하게 한다.

2. 과제 부여

주로 이용하는 교통수단이나, 가 보고 싶은 곳을 생각해 보고 어떤 교통수단을 이용하고 싶은지 생각해 보게 한다. 혹은 학습한 교통수단을 포함한 문장 만들기를 과제로 내줄 수도 있다.

2과 종이 공예

도안을 참고하여 같이 만들어 봅시다.

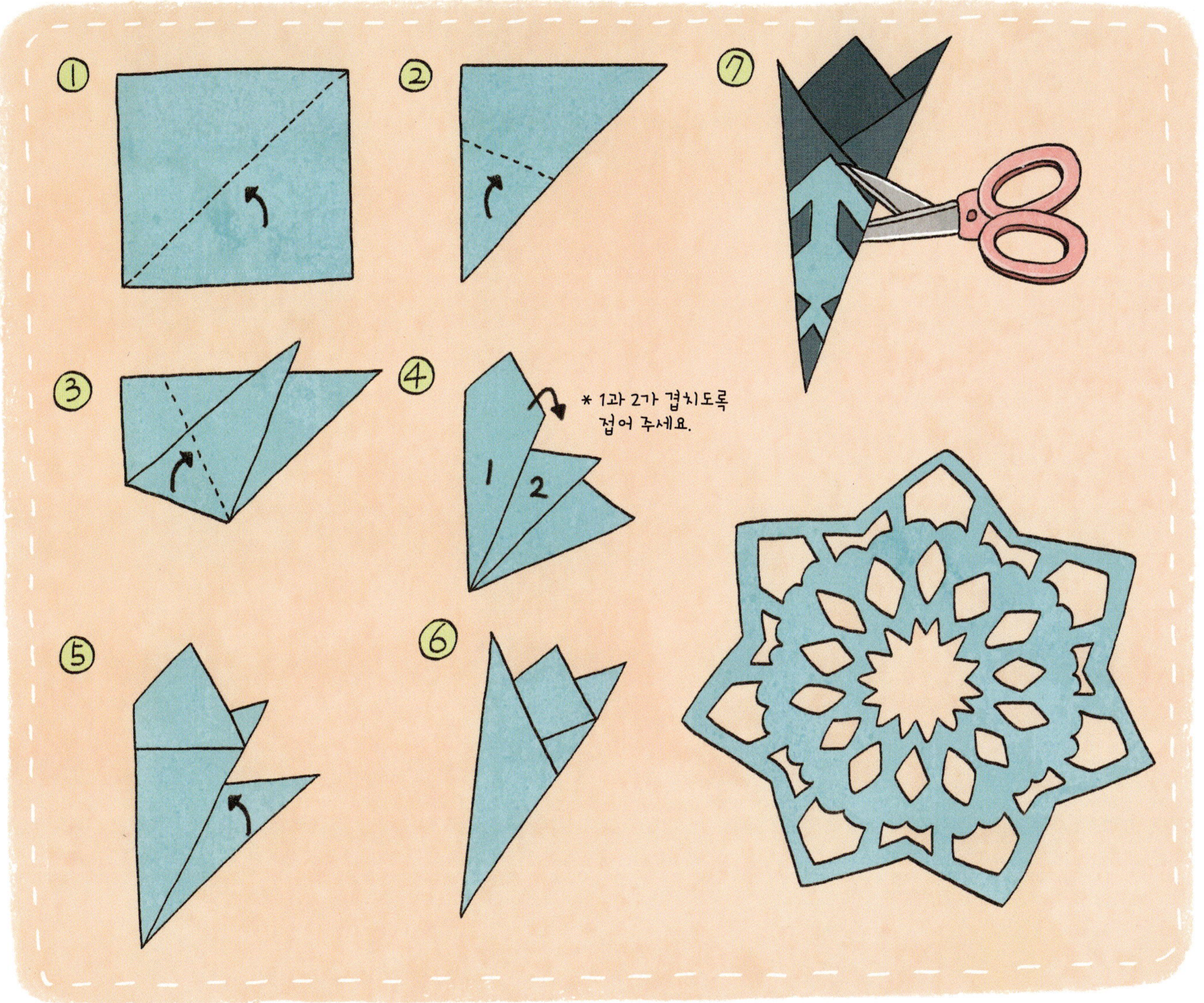

①

②

⑦

③

④

* 1과 2가 겹치도록 접어 주세요.

⑤

⑥

5과 중국 화폐 모형

오리는 선

ZHONGGUO RENMIN YINHANG
1 YUAN
1999年

ZHONGGUO RENMIN YINHANG
1 YUAN
1999年

ZHONGGUO RENMIN YINHANG
5 YUAN
2005年

ZHONGGUO RENMIN YINHANG
5 YUAN
2005年

ZHONGGUO RENMIN YINHANG
10 YUAN
2005年

ZHONGGUO RENMIN YINHANG
10 YUAN
2005年

ZHONGGUO RENMIN YINHANG
20
1999年

ZHONGGUO RENMIN YINHANG
20
1999年

오리는 선

ZHONGGUO RENMIN YINHANG
100 YUAN
2005年

ZHONGGUO RENMIN YINHANG
50 YUAN
2005年

오리는선

2과

一起

2과

剪刀

2과

做

2과

彩纸

오리는선

jiǎndāo

yìqǐ

cǎizhǐ

zuò

오리는 선

2과

彩笔

2과

雨伞

2과

词典

2과

玩儿

오리는선

yǔsǎn

cǎibǐ

wánr

cídiǎn

오리는선

1과

颜色

1과

蓝色

1과

红色

1과

绿色

오리는 선

lánsè

yánsè

lǜsè

hóngsè

오리는선

1과

黄色

1과

动物

1과

季节

1과

运动

오리는선

dòngwù

huángsè

yùndòng

jìjié

오리는선

4과

去

4과

哪儿

4과

书店

4과

图书馆

오리는선

nǎr

qù

túshūguǎn

shūdiàn

오리는선

4과

学校

4과

洗手间

4과

医院

4과

看

오리는선

xǐshǒujiān

xuéxiào

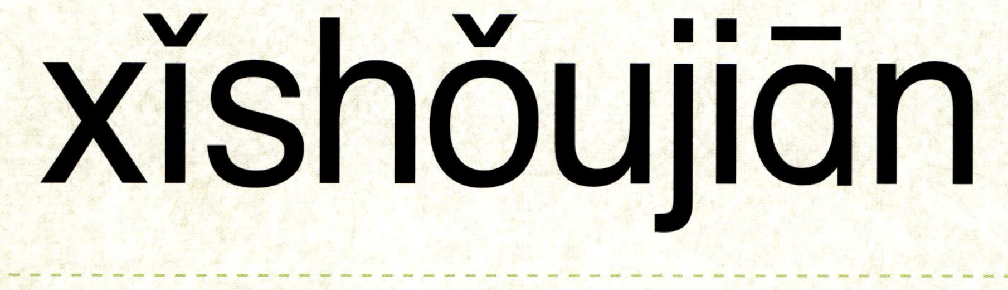

kàn

yīyuàn

오리는선

3과

现在

3과

点

3과

两

3과

两点

오리는선

diǎn

xiànzài

liǎng diǎn

liǎng

오리는선

3과

半

3과

两天

3과

好的

3과

两次

오리는선

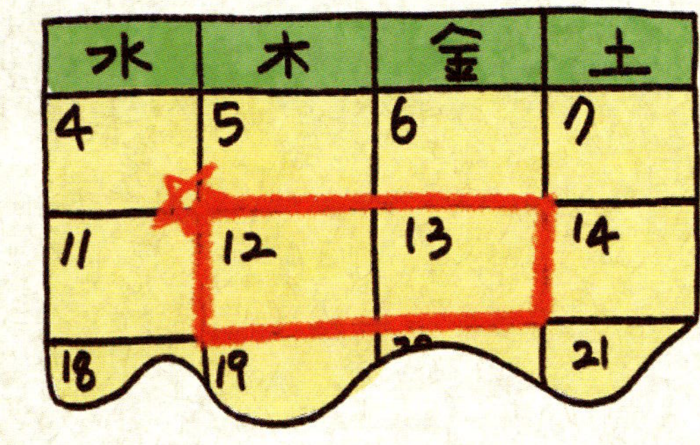

liǎngtiān

bàn

liǎng cì

hǎode

오리는 선

6과

喝

6과

进

6과

欢迎

6과

牛奶

오리는선

jìn

hē

niúnǎi

huānyíng

오리는선
6과
吃
6과
水果
6과
果汁
6과
面包

오리는선

shuǐguǒ

chī

miànbāo

guǒzhī

오리는선

5과

梨

5과

钱

5과

多少

5과

葡萄

오리는선

qián

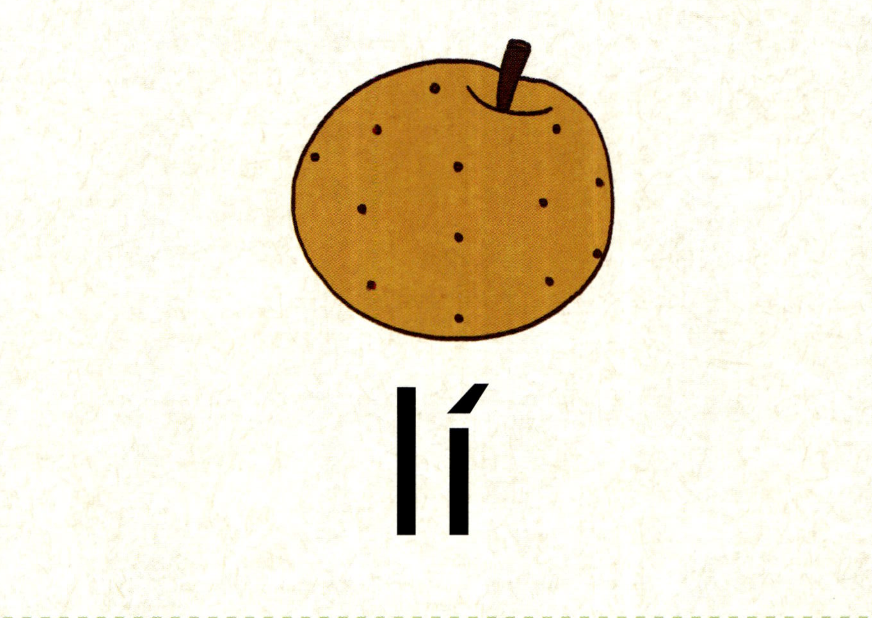

lí

pútáo

duōshao

오리는선

5과

桃子

5과

西瓜

5과

菠萝

5과

苹果

오리는선

xīguā

táozi

píngguǒ

bōluó

오리는 선
8과
会
8과
自行车
8과
骑
8과
开车

오리는선

zìxíngchē

huì

kāichē

qí

오리는선

8과

游泳

8과

马

8과

做饭

8과

摩托车

오리는선

mǎ

yóuyǒng

mótuōchē

zuòfàn

오리는선

7과

眼睛

7과

尾巴

7과

长

7과

羊

오리는선

wěiba

yǎnjing

yáng

cháng

오리는선

7과

老虎

7과

手

7과

熊猫

7과

短

오리는선

shǒu

lǎohǔ

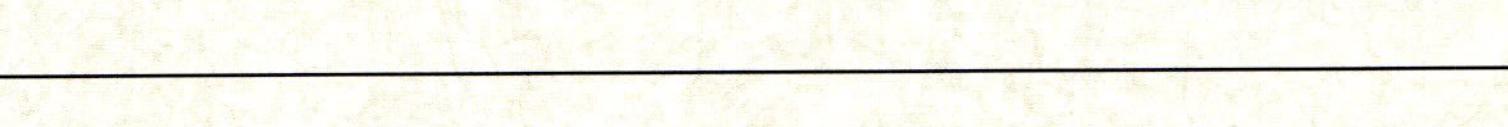

duǎn

xióngmāo